Jean-Paul Bouland

Patchwork sur l'Eglise

Jean-Paul Bouland

Patchwork sur l'Eglise

Propos décousus sur l'Eglise... à coudre soi-même...

Éditions Croix du Salut

Impressum / Mentions légales
Bibliografische Information der Deutschen Nationalbibliothek: Die Deutsche Nationalbibliothek verzeichnet diese Publikation in der Deutschen Nationalbibliografie; detaillierte bibliografische Daten sind im Internet über http://dnb.d-nb.de abrufbar.
Alle in diesem Buch genannten Marken und Produktnamen unterliegen warenzeichen-, marken- oder patentrechtlichem Schutz bzw. sind Warenzeichen oder eingetragene Warenzeichen der jeweiligen Inhaber. Die Wiedergabe von Marken, Produktnamen, Gebrauchsnamen, Handelsnamen, Warenbezeichnungen u.s.w. in diesem Werk berechtigt auch ohne besondere Kennzeichnung nicht zu der Annahme, dass solche Namen im Sinne der Warenzeichen- und Markenschutzgesetzgebung als frei zu betrachten wären und daher von jedermann benutzt werden dürften.

Information bibliographique publiée par la Deutsche Nationalbibliothek: La Deutsche Nationalbibliothek inscrit cette publication à la Deutsche Nationalbibliografie; des données bibliographiques détaillées sont disponibles sur internet à l'adresse http://dnb.d-nb.de.
Toutes marques et noms de produits mentionnés dans ce livre demeurent sous la protection des marques, des marques déposées et des brevets, et sont des marques ou des marques déposées de leurs détenteurs respectifs. L'utilisation des marques, noms de produits, noms communs, noms commerciaux, descriptions de produits, etc, même sans qu'ils soient mentionnés de façon particulière dans ce livre ne signifie en aucune façon que ces noms peuvent être utilisés sans restriction à l'égard de la législation pour la protection des marques et des marques déposées et pourraient donc être utilisés par quiconque.

Coverbild / Photo de couverture: www.ingimage.com

Verlag / Editeur:
Éditions Croix du Salut
ist ein Imprint der / est une marque déposée de
OmniScriptum GmbH & Co. KG
Heinrich-Böcking-Str. 6-8, 66121 Saarbrücken, Deutschland / Allemagne
Email: info@editions-croix.com

Herstellung: siehe letzte Seite /
Impression: voir la dernière page
ISBN: 978-3-8416-9915-2

Copyright / Droit d'auteur © 2014 OmniScriptum GmbH & Co. KG
Alle Rechte vorbehalten. / Tous droits réservés. Saarbrücken 2014

Jean-Paul BOULAND

PATCHWORK
sur
l' EGLISE

*Propos décousus
à coudre soi-même*

www.jpbouland.com

AVANT-PROPOS

Un patchwork est une technique de couture qui consiste à assembler plusieurs morceaux de tissus de tailles, formes et couleurs différentes pour réaliser différents types d'ouvrages. Le patchwork peut être utilisé pour réaliser plusieurs types d'objets ou d'éléments de literie comme les courtepointes (c'est particulièrement le cas en Amérique du Nord). Par analogie, le mot s'emploie aussi pour un assemblage d'éléments hétéroclites. Exemple : un patchwork de populations (définition Wikipedia).

J'écris un "Patchwork" sur mon Eglise, l'Eglise catholique, celle à laquelle je reconnais appartenir, depuis ma naissance et par mes parents. Ce sera une suite de réflexions, d'impressions, de définitions, d'évènements, de figures, apparemment hétéroclites, mais qui ont en commun de se rapporter à l'Eglise. Ni Traité de l'Eglise, ni Histoire de l'Eglise, ni Sociologie de l'Eglise, et encore moins règlement de comptes personnels avec l'Eglise. Simplement l'Eglise, telle que je la vis, telle que je la vois, telle que je la ressens. Jour après jour, depuis des années. Mes réflexions, mes admirations, mes étonnements, mes regrets, mes questions, mes coups de gueule...

Mais l'Eglise ! Qu'est-ce que l'Eglise ? Cette organisation séculaire et multinationale, qui a son siège à ROME ? Cette structure pyramidale et hiérarchisée ? Ce phénomène historique qui a engendré aussi bien les écoles et les hôpitaux que les Croisades et l'Inquisition ? Cette réunion d'hommes, de femmes et d'enfants discutant autour d'une page d'Evangile et partageant l'Eucharistie ? Les millions de pélerins de Lourdes, Medjugorie, Fatima ou La Guadalupe ? Les Journées Mondiales de la Jeunesse ? Sa Sainteté le Pape, Monseigneur l'Evêque et Monsieur le Curé ?

L'Eglise, c'est tout cela... et encore autre chose. Elle se veut, dans son essence, Signe du Règne de Dieu qui vient chez les hommes. Elle se veut Sacrement du Christ, Parole de Dieu. Elle se définit comme "Temple de l'Esprit". Oui, l'Eglise, c'est tout cela, ensemble et à la fois.

Je suis, je me sens, dans l'Eglise. Bien ? Oui et non (je suis normand !). Très souvent scandalisé par l'attitude ou les réactions de certains de ses responsables de haut niveau, ou de certains de ses membres, qui se veulent importants, notamment lorsqu'ils poursuivent un projet personnel de carrière, lorsqu'ils parlent le "politiquement correct" ou pratiquent la langue de bois. Profondément peiné de constater que l'Eglise, en France du moins, semble avoir perdu de vue son projet, qui est de révéler aux humains la Parole de "salut" (on pourrait dire : de bonheur = Béatitudes) annoncée par Jésus de Nazareth. Me demandant de quoi il est question, lorsqu'on parle de "nouvelle évangélisation", qui me semble un concept fourre-tout, ou sans réel contenu concret. Et surtout agacé, lorsque je constate, dans le discours officiel, la prééminence de l'éthique en matière sexuelle sur l'Ethique en matière sociale.

Mais aussi profondément heureux lorsque je me trouve au milieu de "frères" et de "sœurs" échangeant sur leur vie, priant et chantant ensemble; "reparti pour un tour" après une célébration véritablement communautaire; et admiratif devant la qualité humaine et spirituelle de tant de croyants, laïcs, diacres, prêtres, évêques, ou pape.

J'ai exercé des responsabilités importantes, d'ampleur nationale, au sein d'Associations "laïques", n'ayant absolument rien à voir avec l'Eglise. Et j'en ai tiré la conclusion que le Système ecclésial fonctionne quelquefois mieux que la plupart des associations, syndicats ou partis politiques. Ce qui, tous comptes faits, est rassurant pour l'Eglise, mais ne cesse pas de poser des questions.

J'offre ce "patchwork" à ceux et à celles qui désirent consacrer leur vie à l'Eglise, afin qu'ils le fassent en toute lucidité, sachant qu'ils devront toujours être exigeants envers Elle, sans jamais accepter de se laisser dévorer par son organisation, sans jamais perdre de vue leur Rêve, le Royaume de Dieu, et sans jamais oublier aucune de leurs convictions !

Liminaire : Je sais une église...

Une toute petite église de campagne, à LA FONTELAYE, quelque part au cœur du Pays de Caux, en Normandie. Elle inspira, dit-on, en 1902, à Charles FALLOT, la fameuse chanson, mise en musique par Paul DELMET, et interprétée par Jean LUMIERE, dans les années 1930 :

> *Je sais une église au fond d'un hameau*
> *Dont le fin clocher se mire dans l'eau*
> *Dans l'eau pure d'une rivière.*
> *Et souvent, lassé, quand tombe la nuit*
> *J'y viens à pas lents bien loin de tous bruits*
> *Faire une prière*
>
> *Des volubilis en cachent l'entrée*
> *Il faut dans les fleurs faire une trouée*
> *Pour venir prier en lieu saint*
> *Un calme imposant y saisit tout l'être*
> *Avec le printemps, un parfum pénètre*
> *Muguet et jasmin*
>
> *Des oiseaux parfois bâtissent leur nid*
> *Sur la croix de bronze où Jésus souffrit*
> *Le vieux curé les laisse faire*
> *Il dit que leur chant est l'hymne divin*
> *Qui monte des chœurs dans le clair matin*
> *Vers Dieu notre Père*

Je suis profondément attaché à cette église, parce qu'elle fut celle d'une branche de mes ancêtres (maternels) du 16° au 19° siècle. C'est dans cette église que s'enracine la foi de ma famille. C'est là que mes aïeux, laboureurs, fileuses, domestiques, tisserandes, bergers... furent baptisés; là qu'ils furent catéchisés. C'est dans cette église qu'ils célébraient baptêmes, mariages et funérailles. Aucun n'était "de noble extraction", aucun n'était intellectuel (je n'en ai trouvé qu'un seul, sur trois siècles, qui sût lire et écrire). Tous furent des chrétiens très simples.

Mes parents furent aussi des chrétiens très simples. C'est sur les genoux de ma mère que j'ai appris le "Notre Père". Je vois encore mon père, à genoux sur le sol carrelé de la cuisine, ses mains de travailleur jointes sur le siège d'une chaise en bois, pendant la prière du soir. C'est par le témoignage de leur confiance dans l'avenir que j'ai découvert l'Espérance. C'est en les voyant agir que j'ai appris la Charité. Ma mère disait :"*Ce n'est pas grâce aux curés que j'ai gardé la foi !*". Paroles dures apparemment, mais qui témoignaient de sa confiance inébranlable dans l'Esprit du Christ; et qui manifestaient que son attachement à l'Eglise dépassait de beaucoup son attachement à tel ou tel homme d'Eglise.

Je suis resté, je crois, un croyant simple, un priant simple. Certes, je me pose des questions, mais je sais que d'autres les ont posées avant moi. Et je sais aussi que la vie est faite d'une grande part d'irrationnel (qu'est-ce que l'amour, le bonheur, le désir, sinon de l'irrationnel ?). Même si certains jouent avec cet irrationnel pour masquer leur insuffisance intellectuelle, ou affirmer leur pouvoir.

C'est pourquoi je tolère difficilement qu'on parle mal de l'Eglise, qu'on oppose l'Evangile du Christ à l'Eglise du Christ, la Communauté à l'Institution. C'est vrai qu'elle n'est pas parfaite. C'est vrai que, bien souvent, les chrétiens (dont je suis) donnent un contre-témoignage à l'Evangile qu'ils professent. Mais je sais que, sur ce plan, l'Eglise est absolument semblable aux autres organisations humaines. Je m'expliquerai là-dessus plus loin.

Je sais aussi qu'elle est absolument indispensable pour la transmission de ces signes de l'Amour du Père que nous nommons "sacrements", et qui sont autre chose que les simples rites d'une religion quelconque.

Et je sais enfin que ses structures, parfois lourdes, sont absolument indispensables pour assurer la communion réelle entre croyants différents, et éviter qu'ils ne se dispersent en de multiples sectes. Même si certains semblent prendre plaisir à les alourdir encore, pour pouvoir mieux les contrôler.

STATISTIQUES et SONDAGES

1- L'Eglise catholique dans le monde
Statistiques de l'Eglise catholique en France (guide 2013)

	1978	1999	2009	2011
Population mondiale	4.200.000.000	5.936.398.000	6.777.599.000	6.933.310.000
Catholiques dans le monde	757.000.000	1.033.129.000	1.181.000.000	1.213.591.000
Pourcentage	18 %	17, 4 %	17, 4 %	17, 5 %
Evêques	3.714	4.482	5.065	5.132
Prêtres	420.971	405.009	410.600	413.418
Pourcentage Catholiques du Monde	0, 055 %	0, 039 %	0, 034 %	0, 034 %
Séminaristes	63.882	110.021	118.000	120.616
Diacres permanents	5.500		38.155	40.914
Religieux non-prêtres	75.800	55.428	54.229	55.085
Religieuses	990.000		730.000	713.206
Catéchistes			3.151.077	3.125.235

2 - Défections et Réintégrations de prêtres dans le monde
(source : Site Web de la Congrégation du Clergé – www.clerus.va)

	1964	1968	1970	1972	1977	1981	1986	1995	1999	2006
Défections	640	2.192	3.504	3.579	2.506	1.579	1.057	1.121	937	1.077
Réintégrations			117	144	1.282	8	1.317	458	436	89

1964 - 2006	Total des Défections	71.242	moyenne : 1700/an
2006 - 2011	Défections / an		environ 650
1970 - 2006	Total des Réintégrations	11.387	moyenne : 315/an

3 - L'Eglise catholique en France
Statistiques de l'Eglise catholique en France (guide 2013)

3.1-Population de la France (en milliers)

1780	1900	1920	1940	1960	1980	2000	2012	2014
26 600	40 710	38 900	40 690	45 500	53 800	58 858	65 700	65 821

3.2-Se déclarent catholiques (en %)

1960	1978	1980	1986	1994	2000	2012	2014
80 %	87 %	76 %	81 %	67 %	69 %	63 %	56 %

3.3-Naissances et Baptêmes

	1975	1990	2000	2010
Total des Naissances	774 546	762 400	807 400	832 799
Baptêmes	602 500	472 630	401 054	302 941
Pourcentage Bapt / Naiss.	77,8 %	62 %	49,6 %	36,3 %

3.4-Mariages civils et catholiques

	1950	1960	1975	1990	2000	2010	2011
Civils				287 000	305 500	251 654	236 826
A l'église				147 146	122 580	74 636	71 146
Pourcentage	80 %	79 %	70 %	48,7 %	40 %	29,6 %	30 %

3.5-Nombre de prêtres (dans l'Eglise de France, mais pas uniquement Français)

1785	1877	1904	1950	2000	2010	2011
100 000	56 143	55 096	42 000	25 353	14 112	13 822

3.6-Nombre de religieuses

2000	2010	2011
51 512	32 542	29 433

3.7-Personnes déclarant assister à la messe tous les dimanches (% population)

1960	1978	1980	1986	1994	2000	2012
25 %	20 %	12 %	6 %	6 %	5 %	3 %

3.8-Evolution comparée du poids des différentes confessions

	1987	1995	2001	2006	2010
Catholique	75	69	69	65	67
Protestante	1	2	2	2	3
Autres religions	3	5	6	6	5
Sans religion	21	24	23	27	28

3.9-France urbaine / France rurale (en milliers)

	1936	1954	1975	1986	1999	2010
Pop. urbaine	22.100	24.500	38.400	41.900	44.200	50.629
Pop. rurale	19.700	18.200	14.200	14.700	14.300	14.746
Pourcentage Rurale / Globale	47 %	42,6 %	27 %	26 %	24,4 %	22,5 %

3.10 - Ordinations de PRETRES en France

Site Liberté politique - L'avenir du sacerdoce en France- 21 juillet 2010

Année	Nombre	Année	Nombre	Année	Nombre
1810	600	1960	565	1998	110
1820	1.200	1965	646	1999	116
1830	2.357	1966	566	2000	142
1834	2.039	1968	461	2001	125
1877	1.580	1970	280	2002	116
1904	1.518	1971	246	2003	121
1909	1.514	1972	193	2005	98
1914	704	1975	161	2006	94
1922	777	1977	99	2010	83
1928	1.103	1983	95	2011	106
1929	890	1986	94	2012	96
1938	1.350	1995	96	2013	92
1951	999	1996	128		
1956	825	1997	122		

3.11 - Le nombre des séminaristes en FRANCE

source : conférence des évêques de France

Année	Nombre de séminaristes
1967	4536
1990	1219
1995	1155
2000	976
2004	758
2009	756
2011	732
Différence 2011-1967	- 83 %

3.12 - MARIAGES et DIVORCES en FRANCE
(source INSEE)

	Nombre de mariages civils	Nombre de mariages catholiques	Nombre de divorces prononcés
1990	287 099	147 146	105 813
1991	280 175	146 270	108 086
1992	271 427	137 567	107 994
1993	255 190	132 129	110 759
1994	253 746	126 919	115 658
1995	254 651	125 847	119 189
1996	280 072	124 362	117 382
1997	283 984	124 425	116 158
1998	271 361	120 262	116 515
1999	286 191	121 513	116 813
2000	297 922	122 580	114 005
2001	288 255	118 087	112 631
2002	279 087	110 409	115 861
2003	275 963	102 024	125 175
2004	271 598	95 034	131 335
2005	276 303	97 432	152 020
2006	273 914	89 014	135 910
2007	273 669	83 509	131 316
2008	265 404	88 564	129 379
2009	251 478	77 664	127 578
2010	251 654	74 636	130 810
2011	236 826	71 146	129 802
2012	241 000		125 217
2013	231 000		
Différence 2013-1990	- 19, 5 %	- 51 %	+ 19 %

4 – COURBES COMPLEMENTAIRES

4.1 - Le CHOMAGE en France (en milliers) au sens du B.I.T
Source : Insee, enquêtes Emploi (calculs Insee)

*En application de la définition internationale adoptée en 1982
par le Bureau international du travail (BIT),
un chômeur est une personne en âge de travailler (15 ans ou plus)
qui répond simultanément à trois conditions :
1- être sans emploi, c'est à dire ne pas avoir travaillé, ne serait-ce qu'une
heure, durant une semaine de référence ;
2- être disponible pour prendre un emploi dans les 15 jours ;
3- avoir cherché activement un emploi dans le mois précédent
ou en avoir trouvé un qui commence dans moins de trois mois.*

année	Nombre	année	Nombre
1975	674.000	1995	2 555.000
1976	881.000	1996	2 646.000
1977	934.000	1997	2 772.000
1978	1 018.000	1998	2 642.000
1979	1 128.000	1999	2 673.000
1980	1 198.000	2000	2 360.000
1981	1 457.000	2001	2 085.000
1982	1 643.000	2002	2 078.000
1983	1 696.000	2003	2 244.000
1984	1 836.000	2004	2 424.000
1985	2 069.000	2005	2 363.000
1986	2 202.000	2006	2 508.000
1987	2 260.000	2007	2 336.000
1988	2 212.000	2008	1 983.000
1989	2 056.000	2009	2 412.000
1990	1 993.000	2010	2 663.000
1991	1 987.000	2011	2 584.000
1992	2 158.000	2012	2 714.000
1993	2 401.000	2013	2 975.000
1994	2 708.000		

4.2 - Cours du pétrole
source : France-Inflation.com

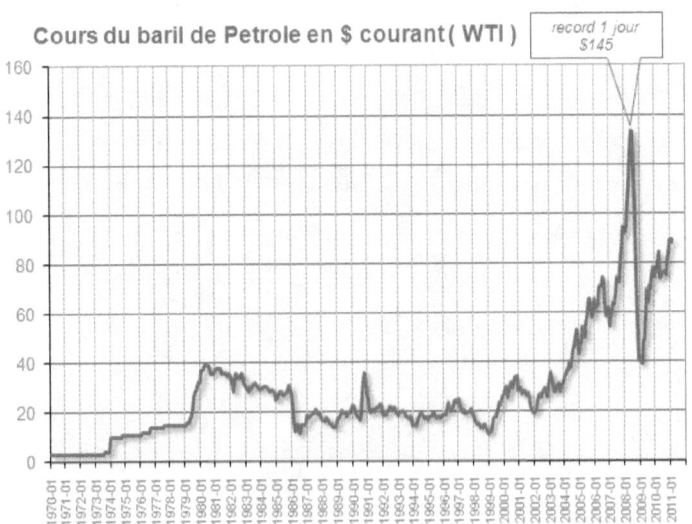

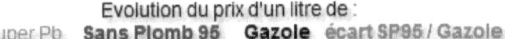

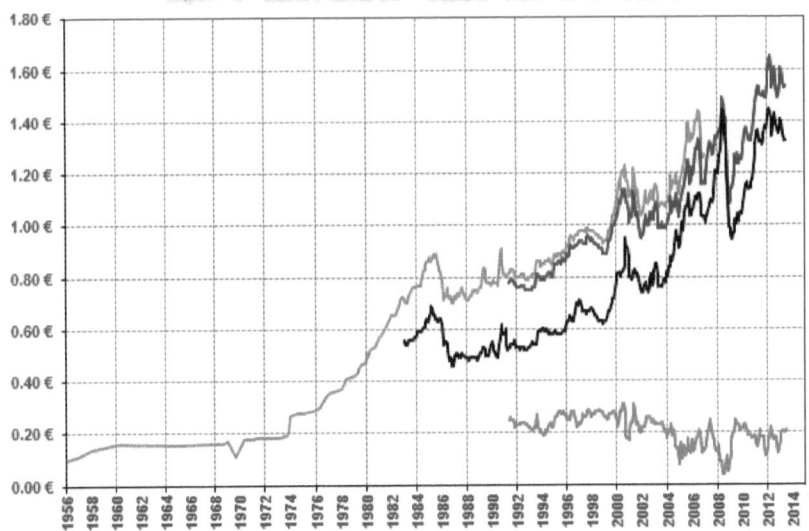

5 - L'Eglise catholique en POLOGNE
(à titre de comparaison)

Il est difficile de trouver des statistiques fiables sur l'état démographique de l'Eglise catholique romaine en POLOGNE. C'est pourquoi celles qui suivent sont incomplètes, et à considérer dans leur rapport mutuel. Je les donne simplement à titre de comparaison avec la démographie de l'Eglise catholique romaine en France.

	1983	1990	1999	2005	2006	2011	2014
Population globale (en milliers)	36.570	38.030	38.270	38.161	38.200	38.534	38.460
Nombre de prêtres	22.381	25.225	30.000		28.546	26.931	27.000
Nombre d'ordinations	553	768				481	+/- 400

EVOLUTION du nombre des SEMINARISTES
dans les années récentes

	1987	1998	2000	2007	2008	2009	2010	2012
Total	5798	4452	4773	4105	3772	3595	3352	3000

REFLEXION sur ces STATISTIQUES

1- Première réflexion

En consultant ces statistiques, on constate, que l'année où la France connut le plus grand nombre d'ordinations de prêtres, fut 1830, alors que Charles X, roi de France, était remplacé par Louis-Philippe, roi des Français. Période où le sabre était associé au goupillon, et le rouge au noir (le roman de STENDHAL portant ce titre fut publié cette année-là). Depuis cette époque, le nombre des ordinations et le nombre total des prêtres diminue régulièrement et inexorablement. La population de la France a été multipliée par 2,5 depuis 1830, et le nombre des prêtres a été divisé par 25 !

Consultant le tableau de la répartition des prêtres catholiques dans le monde, on constate que le nombre des prêtres de l'Eglise universelle augmente régulièrement depuis 1999, mais que la proportion par rapport à l'ensemble des Catholiques diminue. Et, si on affine la recherche, on remarque quelques pays qui n'ont aucun problème de vocations au ministère de prêtre : l' Irlande, la Corée du Sud, le Congo, le Sud du Continent indien, et encore récemment, la Pologne (voir tableau statistique ci-dessus... bien que la situation soit en train de changer profondément). C'est-à-dire qu'il y a des prêtres là où le prêtre est considéré comme un "notable", et respecté par l'ensemble des croyants et de la société civile, où le "métier" de prêtre comporte un réel pouvoir, et où c'est un honneur pour des parents d'avoir un fils prêtre. C'est-à-dire là où l'accession au statut de prêtre assure une certaine reconnaissance sociale. Ce qui pourrait avoir comme corollaire qu'il ne faut pas forcément lier le manque de prêtres, soit au célibat, soit à la pauvreté.

2- Deuxième réflexion

"Il n'y a pas d'Eglise sans Eucharistie" – *"C'est l'Eglise qui fait l'Eucharistie, mais c'est aussi l'Eucharistie qui fait l'Eglise"* – *"Il n'y a pas d'Eucharistie sans prêtre"*.

Tout cela est bien vrai, et depuis des siècles. Comment est-il alors possible que les responsables de l'Eglise laissent des communautés sans prêtres ? Comment est-il possible que les responsables de l'Eglise diminuent le nombre des Messes, et laissent des communautés sans Eucharistie ? Est-il donc impensable de ne pas appeler des hommes mariés au ministère de prêtre ? Est-il donc impensable d'y appeler des femmes ? Qu'est-ce qui est le plus important : le statut personnel du prêtre, ou la vie de la communauté d'Eglise ? Même si la discipline du célibat est obligatoire dans l'Eglise catholique romaine depuis des siècles, le célibat n'est pas constitutif du ministère de prêtre; la preuve étant que des prêtres sont mariés dans les Eglises catholiques d'Orient.

Et puis, est-il impensable d'ordonner un prêtre pour un ministère particulier ou pour une communauté particulière ? Faut-il absolument que le prêtre soit disponible pour n'importe quel service, n'importe où et pour toute la durée de sa vie ? Ces questions sont posées dans notre Eglise depuis des décennies, et personne n'y a encore répondu de manière convaincante.

3- Troisième réflexion

Depuis des siècles, dans l'Eglise catholique, ce sont des évêques et des prêtres qui cherchent des prêtres. Il semble que les fidèles laïcs se soient démobilisés, ou qu'on les ait démobilisés de la quête de prêtres pour leurs communautés.

Si les Chrétiens veulent vraiment des prêtres, qu'ils ne se contentent pas de prier. Certes, la prière est importante. Mais ce qu'il faut, c'est : Chercher ces prêtres. Chercher des prêtres pour les communautés chrétiennes. Chercher des prêtres pour aujourd'hui. Et surtout... les trouver. Et quand ils les auront trouvés, qu'ils les présentent aux responsables de l'Eglise. Leur réponse jugera de leur qualité de responsables.

4- Quatrième réflexion (sous forme de conviction)

Ma conviction est qu'il faut prendre acte que cette situation de crise est providentielle, qu'elle ne concerne pas seulement la diminution du nombre des prêtres, mais affecte toutes les composantes de la société française en général, et, plus largement, toutes nos sociétés développées, et opérer un véritable discernement.

Si nous croyons que l'Esprit du Seigneur est à l'œuvre dans notre Eglise, dans notre monde et dans notre Humanité, nous devons reconnaître en conséquence que cette situation exige qu'on la regarde telle qu'elle se présente à nous, pour tenter d'y discerner les SIGNES que le Seigneur nous adresse à travers elle, et quel est son DESIR. Autrement dit, il ne s'agit pas seulement de poser le problème, comme s'il n'était qu'un simple problème sociologique ou démographique, dont il faudrait trouver la solution; mais d'analyser, dans la foi et la prière, les données de ce problème.

Aux XII° - XIII° siècles, les responsables des églises particulières, je veux parler des évêques, avaient bien davantage de raisons que nous, aujourd'hui, de se désoler, lorsqu'ils assistaient au départ d'hommes jeunes vers les nouveaux monastères, créés par de jeunes hommes ou de jeunes femmes, qui se nommaient François ou Claire d'Assise, Dominique de Guzman, Norbert de Xanten, Bruno de Cologne, ou Bernard de Clairvaux; qu'ils voyaient des milliers de chrétiens y affluer chaque dimanche, et aux grandes fêtes, alors que les églises des paroisses tombaient en ruines, et que les vocations de prêtres diocésains se faisaient rares. Et pourtant, c'est à partir de ces Ordres nouveaux que l'Eglise reprit des forces, et que l'évangélisation progressa.

A la fin du XVIII° siècle, le Clergé français était divisé : Haut-Clergé proche du Pouvoir royal, Bas-Clergé proche du Peuple; les uns vivant dans l'opulence et les autres dans la misère. Le nombre des prêtres diminuait gravement, les abbayes se vidaient de leurs moines. La tourmente révolutionnaire commençait. L'Eglise de France était en grand péril. Et pourtant, le XIX° siècle vit l'Eglise progresser de nouveau, de nouvelles Congrégations apparaître, avec de nouvelles formes de spiritualité et de liturgie.

Aujourd'hui, l'Eglise de France manque de prêtres, certes, mais elle est riche de dizaines de milliers de catéchistes, et d'animateurs en tous domaines : liturgie, pastorale des malades, gestion financière et immobilière... A quoi il faut ajouter les centaines de milliers de membres des Mouvements divers (Action catholique, Scoutisme, Spiritualité...) et des Communautés nouvelles. Jamais, dans l'Histoire de l'Eglise catholique en France, il n'y a eu autant de personnes au service de l'évangélisation.

Gardons l'ESPERANCE. Ne nous désolons pas. L'Eglise se renouvelle. Dans nos pays occidentaux, elle semble en perte de vitesse. Dans beaucoup de pays du monde, elle progresse. Certes, l'Eglise d'aujourd'hui n'est plus l'Eglise d'hier. Et l'Eglise, demain, sera encore fort différente. Mais ce qui seul importe, c'est que l'Eglise continue, pour encourager les croyants à travailler au bonheur des hommes, et célébrer la gloire de l'Eternel !

Vous dites que l'Eglise manque de prêtres ? Et si elle manquait simplement de chrétiens heureux et convaincus ? Et si les Responsables de l'Eglise entendaient la voix du Peuple de Dieu (voir plus haut : Sondage ci-après) ?

ORDRES RELIGIEUX créés du 9° au 13° siècles
(informations tirées du dictionnaire des Ordres Religieux et Militaires - 1769).

L'an 910. Ordre de Cluny. Au début du XII° siècle, on compte de 1 000 à 1 100 prieurés clunisiens parmi lesquels 800 sont situés en France.

L'an 1086. L'Ordre des Chartreux, établi par Saint Hugues (Hugues Ier), évêque de Grenoble, à la sollicitation de Saint Bruno, natif de Cologne (vers 1030). Vers 1360, les établissements sont au nombre de 107. D'autres se créent... Vers 1500, l'Ordre compte près de 200 établissements.

L'an 1098. Les moines de Cîteaux, furent institués par Saint Robert (Robert de Molesme, né en 1028 dans une famille noble de Champagne). - Saint Bernard, abbé de Clairvaux, en a fait la gloire et l'ornement. En 1133, l'Ordre compte environ 70 établissements. En 1200, l'Ordre comprend plus de 530 abbayes.

L'an 1120. L'Ordre des chanoines réguliers de Prémontré, fut institué par Saint Norbert. Après sa mort, en 1134, l'ordre continua à se développer au point de compter 614 monastères

L'an 1152. Les Ermites de Saint Guillaume. On les appelait à Paris les *Blancs Manteaux*.

L'an 1170. Les Béguines Vers 1400, on trouve des béguinages dans presque toutes les contrées d'Europe

L'an 1208. Les Franciscains

L'an 1212. Les Religieuses de Sainte Claire

L'an 1215. Les Dominicains ou Frères Prêcheurs. Le 6 août 1221, lorsque meurt Dominique à Bologne, l'Ordre compte près de 500 frères et une centaine de religieuses.

Quelques Communautés nouvelles créées au 20° siècle

Le Chemin Neuf - La Communauté des Béatitudes - Communauté Saint Jean
Communauté Saint Martin - Le Verbe de Vie - Communauté du Puits de Jacob
La Communauté de l'Emmanuel - Communauté Catholique Shalom
Communauté Le Rocher - Communauté des Apôtres de la Paix
Communion Marie reine de la Paix - Communauté du Ressuscité
Communauté de la Croix Glorieuse - Dominicaines Notre Dame de Clarté

Les catholiques nous surprennent
sondage BVA (23.02.2014)

Pratique religieuse en France

Les pratiquants réguliers sont ceux ayant déclaré "aller à la messe plusieurs fois par semaine", "tous les dimanches" ou "une à deux fois par mois".
Les pratiquants occasionnels sont ceux ayant déclaré aller à la messe "de temps en temps, aux grandes fêtes".
Les non pratiquants sont ceux ayant déclaré n'aller "jamais" à la messe ou "uniquement pour les cérémonies, les baptêmes, les mariages, les enterrements".

1- Sans religion :	30 %
2- Religion autre que catholique :	7 %
3- Non-pratiquants :	38 %
4- Pratiquants occasionnels :	17 %
5- Pratiquants réguliers :	8 %

Sous-total Catholiques : 63 %
Sous-total pratiquants : 25 %

REPONSES au SONDAGE

90 % des catholiques interrogés (91 % des Français) se prononcent en faveur du droit à l'interruption volontaire de grossesse,
63% parmi les pratiquants réguliers.

54 % des catholiques interrogés se prononcent pour le droit au mariage des couples homosexuels (61 % des Français)
37% parmi les pratiquants réguliers,
51 % par les pratiquants occasionnels.

42 % des catholiques interrogés approuvent l'homoparentalité

21% des pratiquants réguliers.

92 % des catholiques interrogés se montrent favorables à l'utilisation du préservatif,
75 % des pratiquants réguliers.

87 % des catholiques interrogés sont favorables au mariage des prêtres
60 % des pratiquants réguliers

84 % des catholiques interrogés sont favorables à l'ordination des femmes
65 % des pratiquants réguliers.

83 % des catholiques interrogés attendent que l'Église accepte de remarier les personnes divorcées,
63 % des pratiquants réguliers

Un sondage mondial montre des catholiques en désaccord avec la doctrine de leur Eglise

(sondage mondial mandaté par le réseau hispanophone américain "Univision", réalisé sur un panel de 12.000 catholiques des cinq continents, publié le 9 février 2014)

DIVORCE : Pensez-vous que les divorcés-remariés vivent en état de péché, et ne peuvent pas recevoir la communion

	EUROPE	AFRIQUE	AMERIQUE LATINE	ETATS-UNIS	PHILIPPINES	MONDE ENTIER
OUI	19	75	30	32	50	38
NON	75	19	67	59	46	58

PRETRES MARIES : Pensez-vous que l'Eglise doit permettre que les prêtres catholiques soient mariés ?

	EUROPE	AFRIQUE	AMERIQUE LATINE	ETATS-UNIS	PHILIPPINES	MONDE ENTIER
OUI	70	28	53	61	21	50
NON	25	70	44	34	76	47

FEMMES PRETRES : Pensez-vous que l'Eglise catholique doit permettre que des femmes soient prêtres ?

	EUROPE	AFRIQUE	AMERIQUE LATINE	ETATS-UNIS	PHILIPPINES	MONDE ENTIER
OUI	64	18	49	59	21	45
NON	30	80	47	36	76	51

AVORTEMENT : Pensez-vous que l'avortement doit être :
- TOUJOURS autorisé,
- PARFOIS, lorsque la vie de la mère est en jeu,
- ou qu'il ne doit JAMAIS être autorisé?

	EUROPE	AFRIQUE	AMERIQUE LATINE	ETATS-UNIS	PHILIPPINES	MONDE ENTIER
TOUJOURS	20	5	5	10	2	9
PARFOIS	67	33	68	66	26	57
JAMAIS	10	60	26	21	72	33

CONTRACEPTIFS : Etes-vous POUR ou CONTRE l'usage habituel des contraceptifs ?

	EUROPE	AFRIQUE	AMERIQUE LATINE	ETATS-UNIS	PHILIPPINES	MONDE ENTIER
POUR	86	44	91	79	31	78
CONTRE	10	52	8	15	68	19

MARIAGE GAY : Etes-vous POUR ou CONTRE le mariage entre personnes de même sexe ?

	EUROPE	AFRIQUE	AMERIQUE LATINE	ETATS-UNIS	PHILIPPINES	MONDE ENTIER
POUR	38	1	37	54	14	30
CONTRE	56	99	57	40	84	66

CATECHISMES

CATECHISME du Concile de TRENTE (1564-1566)

(Il est) nécessaire d'énumérer les diverses parties qui composent l'Église, et de marquer les différences qui existent entre chacune d'elles. Ainsi les Fidèles connaîtront mieux la nature, les propriétés, les dons et les grâces de cette Église, si chère à Dieu, et ils ne cesseront de louer son nom trois fois Saint.

Il y a dans l'Église deux parties principales: l'une que l'on appelle triomphante, et l'autre militante.

L'église triomphante

L' Eglise triomphante est cette Société si brillante et si heureuse des esprits célestes, et de tous ceux qui ont remporté la victoire sur le monde, la chair, et le démon notre ennemi acharné, et qui maintenant délivrés sans retour des misères de la vie, jouissent de la Béatitude éternelle.

L'Église militante

L'Église militante est la Société de tous les Fidèles qui vivent encore sur la terre. On l'appelle militante parce qu'elle est obligée de soutenir une guerre incessante contre les ennemis les plus cruels, le monde, la chair et Satan.

Toutefois, il ne faut pas pour cela croire qu'il y a deux Églises non, l'Église est une, mais elle est composée de deux parties. De ces deux parties, l'une a précédé l'autre, et elle est déjà en possession de la céleste Patrie. La deuxième marche chaque jour à la suite de la première, jusqu'à ce que, enfin, elle se réunisse à notre Sauveur, et se repose au sein de l'Éternelle Félicité.

L'Église militante renferme deux sortes de personnes, les bons et les méchants.

Les méchants participent aux mêmes Sacrements et professent la même Foi que les bons ; mais ils diffèrent d'eux par la conduite et les mœurs. Les bons ne sont pas ceux qui sont unis seulement par la profession de la même Foi et la participation aux mêmes Sacrements, mais ceux qui sont attachés les uns aux autres par l'esprit de Grâce et le lien de Charité. C'est d'eux qu'il est dit: *Le Seigneur connaît ceux qui sont à Lui.* Les hommes peuvent bien aussi, d'après certaines conjectures, présumer qui sont ceux qui doivent être rangés parmi les bons, mais ils ne peuvent jamais l'affirmer avec certitude. Aussi faut-il se garder de penser que Notre-Seigneur Jésus Christ a voulu parler de cette portion de l'Église, lorsqu'il nous renvoie à l'Église et nous ordonne de lui obéir. Puisqu'elle est inconnue, comment savoir, sans crainte de se tromper, à quel tribunal il faudra recourir, et à quelle autorité on devra se soumettre ? L'Église comprend donc indistinctement les bons et les méchants, comme la sainte Écriture et les Pères nous l'enseignent, et comme l'Apôtre le marquait en disant: *Il n'y a qu'un corps et qu'un esprit*.

Ainsi entendue, l'Église est connue de tout le monde. C'est *la ville située sur la montagne, et que l'on aperçoit de toutes parts*. Elle ne doit être ignorée de personne, puisque tous doivent lui obéir. Et ce qui prouve encore qu'elle comprend non seulement les bons, mais même les méchants, c'est ce que l'Évangile nous apprend par plusieurs paraboles, par exemple quand il nous dit que le Royaume des cieux, c'est-à-dire l'Église militante, *est semblable à un filet jeté dans la mer, à un champ dans lequel on a semé l'ivraie sur le bon grain, à une aire où l'on garde la paille avec le froment, à dix vierges dont les unes sont folles, et les autres prudentes. Et, longtemps auparavant, l'Arche de Noé où étaient renfermées toutes les espèces d'animaux, purs ou impurs*, était déjà la figure et l'image de l'Église. Cependant quoique la Foi catholique enseigne comme une vérité constante et hors de doute, que les méchants aussi bien que les bons font partie de l'Église, elle veut aussi que l'on montre aux Fidèles combien leur condition est différente. Les méchants en effet ne sont dans l'Église que comme la paille confondue dans l'aire avec le bon grain, ou comme des membres morts sur un corps vivant.

CATECHISME de saint PIE X (1905)

Qu'est-ce que l'Église catholique ?
L'Église catholique est la société ou la réunion de tous les baptisés qui, vivant sur la terre, professent la même foi et la même loi de Jésus-Christ, participent aux mêmes sacrements et obéissent aux pasteurs légitimes, principalement au Pontife Romain.

Dites précisément ce qui est nécessaire pour être membre de l'Église ?
Pour être membre de l'Église, il est nécessaire d'être baptisé, de croire et professer la doctrine de Jésus-Christ, de participer aux mêmes sacrements, de reconnaître le Pape et les autres Pasteurs légitimes de l'Église

Quels sont les Pasteurs légitimes de l'Église ?
Les Pasteurs légitimes de l'Église sont le Pontife Romain, c'est-à-dire le Pape, qui est le Pasteur universel, et les Évêques De plus, les autres prêtres et spécialement les curés ont, sous la dépendance des Évêques et du Pape, leur part de l'office de pasteurs.

Pourquoi dites-vous que le Pontife Romain est le Pasteur universel de l'Église ?
Parce que Jésus-Christ dit à saint Pierre le premier Pape : " Tu es Pierre, et sur cette pierre je bâtirai mon Église, et je te donnerai les clefs du royaume des cieux, et tout ce que tu lieras sur la terre sera aussi lié dans le ciel, et tout ce que tu délieras sur la terre sera aussi délié dans le ciel. " Et il lui dit encore : " Pais mes agneaux, pais mes brebis. "

Comment peut-on distinguer l'Église de Jésus-Christ de tant de sociétés ou sectes fondées par les hommes et qui se disent chrétiennes ?
On peut distinguer la véritable Église de Jésus-Christ de tant de sociétés ou sectes fondées par les hommes et qui se disent chrétiennes, à quatre marques : elle est Une, Sainte, Catholique et Apostolique.

Pourquoi dites-vous que l'Église est Une ?
Je dis que la véritable Église est Une, parce que ses fils, à quelque temps et à quelque lieu qu'ils appartiennent, sont unis entre eux dans la même foi, le même culte, la même loi et la participation aux mêmes sacrements, sous un même chef visible, le Pontife Romain.

Pourquoi dites-vous que la véritable Église est Sainte ?

Je dis que la véritable Église est Sainte parce que Jésus-Christ, son chef invisible, est saint, que beaucoup de ses membres sont saints, que sa foi, sa loi, ses sacrements sont saints et qu'en dehors d'elle il n'y a pas et il ne peut pas y avoir de véritable sainteté.

Pourquoi appelez-vous l'Église Catholique ?
J'appelle la véritable Église Catholique, ce qui veut dire universelle, parce qu'elle embrasse les fidèles de tous les temps et de tous les lieux, de tout âge et de toute condition, et que tous les hommes du monde sont appelés à en faire partie.

Pourquoi appelle-t-on encore l'Église Apostolique ?
On appelle encore la véritable Église Apostolique, parce qu'elle remonte sans interruption jusqu'aux Apôtres ; et parce qu'elle croit et enseigne tout ce qu'ont cru et enseigné les Apôtres ; et parce qu'elle est dirigée et gouvernée par leurs légitimes successeurs.

Comment est constituée l'Église de Jésus-Christ ?
L'Église de Jésus-Christ est constituée comme une société vraie et parfaite. En elle, comme dans une personne morale, on peut distinguer un corps et une âme.

En quoi consiste l'âme de l'Église ?
L'âme de l'Église consiste en ce qu'elle a d'intérieur et de spirituel, c'est-à-dire la foi, l'espérance, la charité, les dons de la grâce et de l'Esprit Saint et tous les trésors célestes qui en sont dérivés par les mérites du Christ Rédempteur et des Saints.

Et le corps de l'Église, en quoi consiste-t-il ?
Le corps de l'Église consiste en ce qu'elle a de visible et d'extérieur, comme l'association de ses fidèles, son culte, son ministère d'enseignement, son organisation extérieure et son gouvernement.

Peut-on se sauver en dehors de l'Église Catholique, Apostolique, Romaine ?
Non, hors de l'Église Catholique, Apostolique, Romaine, nul ne peut se sauver, comme nul ne put se sauver du déluge hors de l'Arche de Noé qui était la figure de cette Église.

Comment donc se sont sauvés les anciens Patriarches, les Prophètes et tous les autres justes de l'Ancien Testament ?
Tous les justes de l'Ancien Testament se sont sauvés en vertu de la foi qu'ils avaient au Christ à venir et par cette foi ils appartenaient déjà spirituellement à l'Église.

Sommes-nous obligés de croire toutes les vérités que l'Église nous enseigne ?
Oui, nous sommes obligés de croire toutes les vérités que l'Église nous enseigne, et Jésus-Christ a déclaré que celui qui ne croit pas est déjà condamné.

Sommes-nous aussi obligés de faire tout ce que l'Église nous commande ?
Oui, nous sommes obligés de faire tout ce que l'Église nous commande, car Jésus-Christ a dit aux pasteurs de l'Église : " Qui vous écoute, m'écoute, et qui vous méprise me méprise. "

L'Église peut-elle se tromper en ce qu'elle nous propose de croire ?
Non, dans ce qu'elle nous propose de croire, l'Église ne peut pas se tromper parce que, selon la promesse de Jésus-Christ, elle est toujours assistée par le Saint-Esprit.

L'Église catholique est donc infaillible ?
Oui, l'Église catholique est infaillible. Aussi, ceux qui rejettent ses définitions perdent la foi et deviennent hérétiques.

Les catholiques ont-ils encore d'autres devoirs envers l'Église ?
Tout chrétien doit avoir pour l'Église un amour sans limites, se regarder comme heureux et infiniment honoré de lui appartenir, et travailler à sa gloire et à son accroissement par tous les moyens qui sont en son pouvoir.

La doctrine catholique - Abbé Boulanger (1927)

Jésus-Christ a fondé une Église, c'est-à-dire une société hiérarchique composée de deux groupes distincts, l'un qui enseigne et gouverne sous l'autorité d'un chef unique et infaillible, l'autre qui est enseigné et gouverné. Ce dogme qui a été défini, plus particulièrement en ses deux points principaux de la primauté et de l'infaillibilité du Pape, par le concile du Vatican (1870) s'appuie sur une double preuve : une preuve tirée de la raison et une preuve tirée de l'histoire.

A. PREUVE TIRÉE DE LA RAISON.

Évidemment, si le Christ a fondé une Église telle que nous la concevons, l'histoire seule peut nous l'apprendre. Cependant, même avant d'interroger l'histoire et de lui demander ce que Jésus-Christ a fait, la raison nous dit ce qu'il devait faire. Si l'on admet, et la chose est admise par les Grecs schismatiques et par la généralité des Protestants, que Jésus-Christ est Dieu, qu'il a enseigné une doctrine religieuse comprenant des dogmes à croire, des préceptes à accomplir et des rites à observer et qu'il a voulu la faire connaître et accepter telle qu'elle est on doit croire qu'il a choisi le moyen d'atteindre ce but. ...

... Aussi les Protestants sont-ils obligés ou bien de supposer que l'Esprit-Saint éclaire la conscience de chaque individu, ce qui est une hypothèse toute gratuite et contredite par les faits ou bien de déclarer que toutes les interprétations se valent, ce qui est mettre le faux sur le même pied que le vrai. Il y a donc tout lieu de présumer déjà, et en ne nous appuyant que sur la raison, que Jésus-Christ n'a pas choisi le moyen invoqué par les Protestants, mais qu'il a constitué à la tête de son Église une autorité vivante et infaillible avec mission de mettre sa doctrine intégrale a la portée de tous.

B. PREUVE TIRÉE DE L'HISTOIRE.

Interrogeons maintenant l'histoire. Ce que Jésus-Christ devait faire, l'a-t-il fait ? En nous appuyant, non plus sur la raison, mais sur l'histoire, nous allons prouver : 1. contre les Protestants, les rationalistes et les modernistes, que Jésus-Christ a vraiment fondé une Église hiérarchique ; et 2. contre les schismatiques de l'Église grecque, qu'il a mis à la tête de cette Église un chef unique et infaillible, autrement dit, qu'il a conféré la primauté et l'infaillibilité à saint Pierre et à ses successeurs.

(suit un long développement apologétique, destinée à prouver que l'Eglise catholique romaine est bien la seule vraie église).

Petit CATECHISME à l'usage des Diocèses de France (1940)

Qu'est-ce que l'Église?
L'Église est la société des fidèles instituée par Jésus-Christ et gouvernée par le Pape et par les Évêques sous l'autorité du Pape.

Qu'est-ce que le Pape?
Le Pape est le successeur de saint Pierre, le vicaire de Jésus-Christ, le Chef visible de l'Église, le Père commun des Pasteurs et des fidèles.

Que sont les Évêques?
Les Évêques sont les successeurs des Apôtres chargés, sous l'autorité du Pape, de gouverner les diocèses, d'enseigner et de sanctifier les fidèles.

Jésus-Christ a-t-il établi plusieurs Églises?
Non, Jésus-Christ n'a établi qu'une seule Église, hors de laquelle il n'y a pas de salut.

A quelles marques reconnaît-on la véritable Église?
On reconnaît la véritable Église à quatre marques : elle est une, sainte, catholique et apostolique.

De combien de manières peut-on faire partie de l'Église?
On peut faire partie de l'Église de deux manières : en appartenant à son corps et en appartenant à son âme.

Quels sont ceux qui appartiennent au corps de l'Église?
Ceux qui appartiennent au corps de l'Église sont ceux qui ont été baptisés, qui croient ce que l'Eglise enseigne et qui reconnaissent l'autorité des pasteurs légitimes.

Quels sont ceux qui appartiennent à l'âme de l'Église?
Ceux qui appartiennent à l'âme de l'Église sont ceux qui sont en état de grâce.

Quels sont ceux qui n'appartiennent pas à l'âme de l'Église?
Ceux qui n'appartiennent pas à l'âme de l'Église sont ceux qui se trouvent en état de péché mortel.

CATECHISME des Diocèses de France (1947)

Qu'est-ce que l'Église ?
L'Église est la Société des fidèles chrétiens, qui professent la même Foi, qui participent aux mêmes Sacrements, établie par Notre-Seigneur Jésus-Christ, répandue sur toute la terre, et soumise à l'autorité des Pasteurs légitimes, et principalement de notre Saint-Père le Pape Vicaire de Jésus-Christ sur la terre, et Chef visible de son Église.

Par qui Église a-t-elle été établie ?
L'Église a été établie par Notre-Seigneur Jésus-Christ, son divin Fondateur, qui en est toujours le Chef invisible.

Comment Jésus-Christ est-il le Chef invisible de l'Église ?
Jésus-Christ est le Chef invisible de l'Église parce qu'il l'a fondée, et parce qu'il la dirige par son Esprit, la soutient par sa Puissance, et la gouverne par les Pasteurs légitimes.

Jésus-Christ a-t-il établi plusieurs Églises ?
Non, Jésus-Christ n'a établi qu'une seule et véritable Église hors de laquelle il n'y a point de salut.

A quelles marques reconnaît-on la véritable Église ?
Il y a quatre marques auxquelles on reconnaît la véritable Église : elle est Une, Sainte, Catholique et Apostolique.

Quelle est la Société chrétienne qui réunit les marques de la véritable Église?
C'est la seule Église Catholique, qu'on appelle aussi Église Romaine, parce qu'elle a pour Chef notre Saint-Père le Pape, Évêque de Rome.

Comment l'Église Romaine est-elle "Une" ?
L'Église Romaine est « Une », parce que les fidèles qui la composent :
- croient les mêmes Vérités,
- reçoivent les mêmes Sacrements,
- et obéissent au même Chef visible de l'Église qui est notre Saint-Père le Pape.

Comment l'Église Romaine est-elle "Sainte" ?
L'Église Romaine est « Sainte » :
- parce qu'elle a pour Fondateur Jésus-Christ, qui est la Sainteté même

- que sa Doctrine, ses Lois et ses Sacrements sont saints,
- qu'elle a toujours formé des saints,
- et qu'elle nous offre tous les moyens de nous sanctifier.

Pourquoi dites-vous que l'Église Romaine est "Catholique", c'est-à-dire Universelle ?
Je dis que l'Église Romaine est « Catholique » c'est-à-dire Universelle :
- parce qu'elle a toujours subsisté depuis Jésus-Christ,
- parce qu'elle s'étend à tous les temps et à tous les lieux,
- et qu'elle durera jusqu'à la fin des siècles.

Comment l'Église Romaine est-elle "Apostolique" ?
L'Église Romaine est "Apostolique" :
- parce qu'elle a eu pour premiers chefs les Apôtres,
- qu'elle est gouvernée par les successeurs des Apôtres,
- et qu'elle croit et enseigne la Doctrine des Apôtres.

CATECHISME de l'Eglise catholique (1992)

Les symboles de l'Église

753 Dans l'Écriture Sainte, nous trouvons une foule d'images et de figures liées entre elles, par lesquelles la révélation parle du mystère inépuisable de l'Église. Les images prises de l'Ancien Testament constituent des variations d'une idée de fond, celle du " Peuple de Dieu ". Dans le Nouveau Testament (cf. Ephésiens 1, 22 ; Colossiens 1, 18), toutes ces images trouvent un nouveau centre par le fait que le Christ devient " la Tête " de ce peuple qui est dès lors son Corps. Autour de ce centre se sont groupés des images " tirées soit de la vie pastorale ou de la vie des champs, soit du travail de construction ou de la famille et des épousailles ".

754 " L'Église, en effet, est le *bercail* dont le Christ est l'entrée unique et nécessaire (cf. Jean 10, 1-10). Elle est aussi le troupeau dont Dieu a proclamé lui-même à l'avance qu'il serait le pasteur (cf. Isaïe 40, 11 ; Ezéchiel 34, 11-31), et dont les brebis, quoiqu'elles aient à leur tête des pasteurs humains, sont cependant continuellement conduites et nourries par le Christ même, Bon Pasteur et Prince des pasteurs (cf. Jean 10, 11 ; 1 Pierre 5, 4), qui a donné sa vie pour ses brebis (cf. Jean 10, 11-15) ".

755 " L'Église est le *terrain de culture*, le champ de Dieu (1 Corinthiens 3, 9). Dans ce champ croît l'antique olivier dont les patriarches furent la racine sainte et en lequel s'opère et s'opérera la réconciliation entre Juifs et Gentils (cf. Romains 11, 13-26). Elle fut plantée par le Vigneron céleste comme une vigne choisie (cf. Matthieu 21, 33-43 par. ; cf. Isaïe 5, 1-7). La Vigne véritable, c'est le Christ : c'est lui qui donne vie et fécondité aux rameaux que nous sommes : par l'Église nous demeurons en lui, sans qui nous ne pouvons rien faire (cf. Jean 15, 1-5) ".

756 " Bien souvent aussi, l'Église est dite la *construction* de Dieu (cf. 1 Corinthiens 3, 9). Le Seigneur lui-même s'est comparé à la pierre rejetée par les bâtisseurs et devenue pierre angulaire (Matthieu 21, 42 par. ; cf. Actes 4, 11 ; 1 Pierre 2, 7 ; Psaume 118, 22). Sur ce fondement, l'Église est construite par les apôtres (cf. 1 Corinthiens 3, 11), et de ce fondement elle reçoit fermeté et cohésion. Cette construction est décorée d'appellations diverses : la maison de Dieu (cf. 1 Timothée 3, 15), dans laquelle habite sa *famille*, l'habitation de Dieu dans l'Esprit (cf. Ephésiens 2, 19-22), la demeure de Dieu chez les hommes (cf. Apocalypse 21, 3), et surtout le *temple* saint, lequel, représenté par les sanctuaires de pierres, est l'objet de la louange des saints

Pères et comparé à juste titre dans la liturgie à la Cité sainte, la nouvelle Jérusalem. En effet, nous sommes en elle sur la terre comme les pierres vivantes qui entrent dans la construction (cf. 1 Pierre 2, 5). Cette Cité sainte, Jean la contemple descendant du ciel d'auprès de Dieu à l'heure où se renouvellera le monde, prête comme une fiancée parée pour son époux (cf. Apocalypse 21, 1-2) ".

757 " L'Église s'appelle encore " la Jérusalem d'en haut " et " notre mère " (Galates 4, 26 ; cf. Apocalypse 12, 17) ; elle est décrite comme l'épouse immaculée de l'Agneau immaculé (cf. Apocalypse 19, 7 ; 21, 2. 9 ; 22, 17) que le Christ 'a aimée, pour laquelle il s'est livré afin de la sanctifier' (Ephésiens 5, 26), qu'il s'est associée par un pacte indissoluble, qu'il ne cesse de 'nourrir et d'entourer de soins' (Ephésiens 5, 29) ".

REFLEXIONS

1- A quoi sert l'EGLISE ?

Tout pouvoir m'a été donné au ciel et sur la terre.
Allez donc ! De toutes les nations faites des disciples,
baptisez-les au nom du Père, et du Fils, et du Saint-Esprit ;
et apprenez-leur à garder tous les commandements que je vous ai donnés.
Et moi, je suis avec vous tous les jours jusqu'à la fin du monde.
(Matthieu 28, 18-20)

Telles sont les dernières paroles de Jésus, rapportées par Matthieu à la fin de son évangile, qui assigne ainsi un quadruple objectif à la Communauté de ceux qui le suivront :

1- **FAIRE des DISCIPLES** : Des dizaines d' hommes et de femmes ont suivi Jésus de Nazareth, et ont été subjugués, comme libérés, par ce qu'il disait et annonçait. A leur tour, après sa mort, et convaincus de sa résurrection, ils ont prolongé son message. Et cela continue, année après année, siècle après siècle, millénaire après millénaire. Les croyants d'aujourd'hui sont les disciples des disciples des disciples... qui ont fait confiance, malgré leurs doutes... au message de celui en qui ils reconnaissent le Christ... et ceci depuis 20 siècles.

2- **BAPTISER ces DISCIPLES** : Depuis saint PAUL, on dit couramment que la plongée dans l'eau, le "baptême", rite d'initiation "incorpore" celui qui le reçoit à la communauté des croyants, Corps du Christ. C'est pourquoi le Baptême est considéré, avec l'Eucharistie, comme rite symbolique essentiel et fondateur de l'Eglise. Ce n'est pas l'ensemble des croyants qui constitue l'Eglise, mais uniquement l'ensemble des baptisés.

3- **APPRENDRE a OBSERVER** ce que Jésus a dit : Fondée sur l'enseignement de Jésus de Nazareth, en qui ses membres reconnaissent le "Christ', le "Messie", l'Eglise reconnaît avoir l'urgente et ardente mission de perpétuer ce message, qui se résume en quelques mots : amour, vérité, justice, paix, liberté... et cela pour le bonheur de tous. Et cela ne s'apprend pas dans des livres, fut-ce l'Evangile, mais par le témoignage, par l'exemple.

4- Et PERPETUER ainsi la Présence du Christ jusqu'à la fin du monde... Car si le Christ est la tête, il ne peut rien sans son Corps, je veux dire sans les croyants. Ils sont ses mains, ses bras, ses jambes, ses yeux, ses oreilles et son cœur.

> *"M'est avis que Dieu et l'Eglise, c'est tout un;*
> *et l'on ne doit pas en faire de problèmes"*
> (Jeanne d'Arc à son procès)

2 - La TETE et le CORPS

L' EVENEMENT

Le chapitre 9 du Livre des Actes des Apôtres nous raconte qu'un jour vers l'an 40, un certain SAUL, jeune pharisien fanatique, plein d'assurance et de confiance en soi, petit de surcroît (son surnom grec était "Paulos", qui signifie "petit") a été chargé d'une mission. Il s'est fait remettre par le Grand-Prêtre de Jérusalem une lettre, lui enjoignant d'aller inspecter la Communauté juive de DAMAS, pour y repérer des "adeptes de la Voie" (autrement dit ces nouveaux hors-la-Loi, qui suivent l'enseignement d'un certain Jésus de Nazareth, crucifié quelques années auparavant) afin de les interpeller, et de les ramener enchaînés à Jérusalem, avant de les faire comparaître devant le tribunal du Sanhédrin. Les Pharisiens sont en effet soucieux de préserver la cohésion de la Religion juive, car elle est la seule religion non romaine autorisée (religio licita) dans le Bassin méditerranéen. Et si les Romains constataient que des cultes étrangers se constituent, ils risqueraient de tout interdire.

Mais, en cours de route, *"il approchait de Damas, quand soudain une lumière venue du ciel l'enveloppa de sa clarté. Tombant à terre, il entendit une voix qui lui disait: "Saul, Saul, pourquoi me persécutes-tu" - "Qui es-tu, Seigneur?" demanda-t-il. Et la voix lui répond : "Je suis Jésus que tu persécutes".*

Et tout d'un coup, en moins de temps qu'il n'en faut pour l'écrire, le jeune Saul comprend ce message, qu'il répandra partout où il passera :

1. ce Jésus de Nazareth, dont il entend la voix, et à qui il répond " Qui es-tu Seigneur ?", est l'Envoyé de Dieu, et il est vivant. Et la Résurrection sera le centre de son message.
2. la Voix qu'il a entendue, c'est donc la Parole de Dieu, qui s'est adressée à lui personnellement, et qui l'a bouleversé au point que, tout d'un coup, il se sent et il se sait justifié, comblé, heureux, sauvé. Et la justification tiendra une place essentielle dans son enseignement (cf. la Lettre aux Romains).
3. Les "adeptes de la Voie" qu'il a mission de capturer sont Jésus lui-même ("Je suis Jésus que tu persécutes") . Et la définition de la communauté chrétienne comme "Corps du Christ" tiendra également une place essentielle dans sa prédication.

Et Saul Paulos (= Saul le petit) va maintenant devenir le plus ardent propagateur du Message de ce Jésus dans tout le Bassin méditerranéen, auprès des Juifs de culture grecque, et des Grecs adeptes d'autres formes religieuses.

Voyons ce qu'il écrit concernant la Communauté comme Corps du Christ.

L' EGLISE comme CORPS du CHRIST

Première Lettre de PAUL aux Corinthiens – Chapitre 12, 12-27

De même, en effet, que le corps est un, tout en ayant plusieurs membres, et que tous les membres du corps, en dépit de leur pluralité, ne forment qu'un seul corps, ainsi en est-il du Christ. Aussi bien est-ce en un seul Esprit que nous tous avons été baptisés en un seul corps, Juifs ou Grecs, esclaves ou hommes libres, et tous nous avons été abreuvés d'un seul Esprit. Aussi bien le corps n'est-il pas un seul membre, mais plusieurs. Si le pied disait: "Parce que je ne suis pas la main, je ne suis pas du corps", il n'en serait pas moins du corps pour cela. Et si l'oreille disait: "Parce que je ne suis pas l'œil, je ne suis pas du corps", elle n'en serait pas moins du corps pour cela. Si tout le corps était oeil, où serait l'ouïe? Si tout était oreille, où serait l'odorat? Mais, de fait, Dieu a placé les membres, et chacun d'eux dans le corps, selon qu'il a voulu. Si le tout était un seul membre, où serait le corps? Mais, de fait, il y a plusieurs membres, et cependant un seul corps. L'œil ne peut donc dire à la main: "Je n'ai pas besoin de toi", ni la tête à son tour dire aux pieds: "Je n'ai pas besoin de vous." Bien plus, les membres du corps qui sont tenus pour plus faibles sont nécessaires; et ceux que nous tenons pour les moins honorables du corps sont ceux-là mêmes que nous entourons de plus d'honneur, et ce que nous avons d'indécent, on le traite avec le plus de décence; ce que nous avons de décent n'en a pas besoin. Mais Dieu a disposé le corps de manière à donner davantage d'honneur à ce qui en manque, pour qu'il n'y ait point de division dans le corps, mais qu'au contraire les membres se témoignent une mutuelle sollicitude. Un membre souffre-t-il? Tous les membres souffrent avec lui. Un membre est-il à l'honneur? Tous les membres se réjouissent avec lui.
Or vous êtes, vous, le corps du Christ, et membres chacun pour sa part.

Lettre aux Ephésiens (4, 1-7 , 11-16)

Moi qui suis en prison à cause du Seigneur, je vous encourage à suivre fidèlement l'appel que vous avez reçu de Dieu : ayez beaucoup d'humilité, de douceur et de patience, supportez-vous les uns les autres avec amour ; ayez à cœur de garder l'unité dans l'Esprit par le lien de la paix. Comme votre vocation vous a tous appelés à une seule espérance, de même il n'y a qu'un seul Corps et un seul Esprit. Il n'y a qu'un seul Seigneur, une seule foi, un seul baptême, un seul Dieu et Père de tous, qui règne au-dessus de tous, par tous, et en tous.

Chacun d'entre nous a reçu le don de la grâce comme le Christ nous l'a partagée. Et les dons qu'il a faits aux hommes, ce sont d'abord les Apôtres, puis les prophètes et les missionnaires de l'Évangile, et aussi les pasteurs et ceux qui enseignent. De cette manière, le peuple saint est organisé pour que les tâches du ministère soient accomplies, et que se construise le corps du Christ. Au terme, nous parviendrons tous ensemble à l'unité dans la foi et la vraie connaissance du Fils de Dieu, à l'état de l'Homme parfait, à la plénitude de la stature du Christ.

Alors, nous ne serons plus comme des enfants, nous laissant secouer et mener à la dérive par tous les courants d'idées, au gré des hommes, eux qui emploient leur astuce à nous entraîner dans l'erreur. Au contraire, en vivant dans la vérité de l'amour, nous grandirons dans le Christ pour nous élever en tout jusqu'à lui, car il est la Tête. Et par lui, dans l'harmonie et la cohésion, tout le corps poursuit sa croissance, grâce aux connexions internes qui le maintiennent, selon l'activité qui est à la mesure de chaque membre. Ainsi le corps se construit dans l'amour.

Lettre aux ROMAINS (13, 4-21)

Prenons une comparaison : notre corps forme un tout, et pourtant nous avons plusieurs membres, qui n'ont pas tous la même fonction ; de même, dans le Christ, tous, tant que nous sommes, nous formons un seul corps ; tous et chacun, nous sommes membres les uns des autres.

Et selon la grâce que Dieu nous a donnée, nous avons reçu des dons qui sont différents. Si c'est le don de prophétie, il faut se régler sur la foi ; si c'est le don de servir, il faut servir ; si l'on est fait pour enseigner, que l'on enseigne ; pour encourager, que l'on encourage. Celui qui donne, qu'il soit simple ; celui qui dirige, qu'il soit actif ; celui qui se dévoue aux malheureux, qu'il ait le sourire.

Que votre amour soit sans hypocrisie. Fuyez le mal avec horreur, attachez-vous au bien. Soyez unis les uns aux autres par l'affection fraternelle, rivalisez de respect les uns pour les autres. Ne brisez pas l'élan de votre générosité, mais laissez jaillir l'Esprit ; soyez les serviteurs du Seigneur.

Aux jours d'espérance, soyez dans la joie ; aux jours d'épreuve, tenez bon ; priez avec persévérance. Partagez avec les fidèles qui sont dans le besoin, et que votre maison soit toujours accueillante. Bénissez ceux qui vous persécutent ; souhaitez leur du bien, et non pas du mal. Soyez joyeux avec ceux qui sont dans la joie, pleurez avec ceux qui pleurent. Soyez bien d'accord entre vous ; n'ayez pas le goût des grandeurs, mais laissez-vous attirer par ce qui est simple. Ne vous fiez pas à votre propre jugement. Ne rendez à personne le mal pour le mal, appliquez-vous à bien agir aux yeux de tous les hommes.

Autant que possible, pour ce qui dépend de vous, vivez en paix avec tous les hommes. Ne vous faites pas justice vous-mêmes, mes bien-aimés, mais laissez agir la colère de Dieu. Car l'Écriture dit : C'est à moi de faire justice, c'est moi qui rendrai à chacun ce qui lui revient, dit le Seigneur. Mais si ton ennemi a faim, donne-lui à manger ; s'il a soif, donne-lui à boire : ce sera comme si tu entassais sur sa tête des charbons ardents. Ne te laisse pas vaincre par le mal, mais sois vainqueur du mal par le bien.

3 - Pourquoi " EGLISE " ?

Le Livre des Actes des Apôtres nous raconte que les premières communautés de croyants naquirent dans des pays de langue grecque, grâce à l'intrépidité apostolique de l'apôtre PAUL, et de quelques autres de ses disciples, Timothée, Tite, Barnabé, Silas, Luc, Jean-Marc. Ces petites communautés avaient cette particularité, énoncée par PAUL dans sa Lettre aux Galates : "*il n'y a ni Juif ni Grec, il n'y a ni esclave ni homme libre, il n'y a ni homme ni femme; car tous vous ne faites qu'un dans le Christ Jésus*" (PAUL aux Galates 3, 28). Ces communautés se définissaient elles-mêmes comme "EKKLESIA".

Pourquoi ?

Démocratie et Ekklesia à ATHENES

Du 6° siècle avant Jésus Christ jusqu'à l'avènement d'Alexandre le Grand, soit pendant près de trois siècles, la Démocratie fut le régime politique d'Athènes. Et le moteur du fonctionnement de cette Démocratie était "l'Ekklesia".

L' 'Ekklesia était un espace de discussion et de décision occupant, au cœur de la cité, la place laissée vacante par l'ancien pouvoir de nature hiérarchique. Clairement délimitée dans le temps et dans l'espace, elle se définissait d'abord, comme la citoyenneté, excluant les non-citoyens, et le déroulement sur un site réservé, à des dates communiquées publiquement, selon des règles précises.

Le lieu, c'était, à Athènes, la colline de la Pnyx (l'endroit où les gens sont "serrés, nombreux" - plus de 6.000 personnes pouvaient en effet tenir ensemble sur cet espace), aménagée spécialement et plusieurs fois remaniée pendant la période démocratique.

Le calendrier était défini par les prytanes, qui ne jouissaient d'aucun pouvoir particulier; mais assuraient collectivement la permanence du Conseil et en présidaient les réunions générales pendant la dixième partie de l'année, soit pendant trente-six jours environ. A leur initiative, les citoyens[1] étaient tous

---

[1] Au 6° siècle av. J.C, on appelait "citoyen" un homme (= non femme), libre (= non esclave), de père athénien, ayant accompli son "éphébie" (service militaire de deux ans).

convoqués, appelés à délibérer et à voter les lois. D' où le nom d'EKKLESIA (le verbe grec "kalein" signifiant "appeler".

La Communauté chrétienne comme Ekklesia

"C'est pour que nous restions libres que le Christ nous a libérés", écrivait PAUL aux Galates" (Galates 5, 1).

Les personnes et les familles qui rejoignaient les premières communautés, créées par Paul ou l'un de ses disciples, subjuguées par l'enthousiasme de leur fondateur, avaient le sentiment que la confiance qu'ils accordaient au message du Christ, tel qu'il leur était transmis, les libérait profondément et leur donnait accès au salut. Le baptême en était le signe. C'est pourquoi les baptisés se retrouvaient ensemble, chaque premier jour de la semaine, pour célébrer le mémorial de la mort et de la résurrection du Christ.

C'est sans doute pourquoi, quelqu'un (qui ? on ne sait pas), quelque part (où? on ne sait pas), un jour (quand ? on ne sait pas), entreprit d'assimiler ce type de communauté dans laquelle chacun avait le sentiment d'avoir été appelé par Dieu, à l'Assemblée démocratique athénienne de la grande époque.

Et nous savons qu'avec ceux qui l'aiment, Dieu collabore en tout pour leur bien, avec ceux qu'il a appelés selon son dessein. Car ceux que d'avance il a discernés, il les a aussi prédestinés à reproduire l'image de son Fils, afin qu'il soit l'aîné d'une multitude de frères; et ceux qu'il a prédestinés, il les a aussi appelés; ceux qu'il a appelés, il les a aussi justifiés; ceux qu'il a justifiés, il les a aussi glorifiés. (Romains 8, 28-30)

Ces petites communautés avaient un type de fonctionnement original, puisque le Juif y côtoyait le Grec, hommes et femmes étaient reconnus à part égale, et l'esclave partageait le repas rituel avec ses maîtres. On pourrait penser que cela aurait pu créer un mouvement révolutionnaire à l'intérieur de la société de l'époque. Mais ce ne fut pas le cas. D'abord parce que le nombre des personnes concernées était sans commune mesure avec la masse des habitants du Bassin méditerranéen. Et surtout parce qu'une révolution était politiquement et économiquement impossible. C'est pourquoi PAUL précisera dans sa Lettre aux Colossiens :

Enfants, obéissez en tout à vos parents, c'est cela qui est beau dans le Seigneur.
Parents, n'exaspérez pas vos enfants, de peur qu'ils ne se découragent.

Esclaves, obéissez en tout à vos maîtres d'ici-bas, non d'une obéissance tout extérieure qui cherche à plaire aux hommes, mais en simplicité de cœur, dans la crainte du Maître. Quel que soit votre travail, faites-le avec âme, comme pour le Seigneur et non pour des hommes, sachant que le Seigneur vous récompensera en vous faisant ses héritiers. C'est le Seigneur Christ que vous servez: qui se montre injuste sera certes payé de son injustice, sans qu'il soit fait acception des personnes.
Maîtres, accordez à vos esclaves le juste et l'équitable, sachant que, vous aussi, vous avez un Maître au ciel. (Colossiens 3,20-24 – 4,1)

Et ce même PAUL, écrivant à son disciple TITE, lui fera cette recommandation :

Rappelle à tous qu'il faut être soumis aux magistrats et aux autorités, pratiquer l'obéissance, être prêt à toute bonne oeuvre, n'outrager personne, éviter les disputes, se montrer bienveillant, témoigner à tous les hommes une parfaite douceur. Car nous aussi, nous étions naguère des insensés, des rebelles, des égarés, esclaves d'une foule de convoitises et de plaisirs, vivant dans la malice et l'envie, odieux et nous haïssant les uns les autres. (Tite 3, 1-3)

Nous étions là aux tout-débuts de l'Eglise. Tout allait changer par la suite.

4 - L'EGLISE... vue de chez moi

Lorsque j'étais en dernière année de Grand Séminaire, à ROUEN, le Supérieur était en même temps Vicaire général, et, comme tel, participait au Conseil épiscopal, qui se tenait à l'Archevêché chaque Vendredi matin.

Nous étions treize, dont onze seraient ordonnés prêtres en fin d'année. Le Supérieur avait pris l'habitude de nous réunir, le Vendredi à 18 heures, pour nous rendre compte de ce qui s'était dit au Conseil le matin, ou au moins de ce qu'il était autorisé à dire. Des informations de la vie du diocèse. Quelquefois importantes, le plus souvent presque insignifiantes. Des orientations. Des manifestations. Des mutations. Des décès...

Quoi qu'il en soit de leur importance, c'est par ces comptes-rendus du Vendredi soir que l'Eglise est devenue peu à peu pour moi une réalité tangible. Certes, nous avions eu des cours théoriques sur la Théologie de l'Eglise. Mais là, c'était du concret.

Et ce l'est resté. Pour moi, l'Eglise, ce n'est pas "une communauté" abstraite, théorique, ce n'est pas le "Peuple de Dieu" en soi. Pour moi, l'Eglise, c'est Pierre, Hélène, Paul, et Jacques. Des hommes et des femmes concrets. Des manifestations. Des pèlerinages. Des fêtes. Des rassemblements. Ici. Ou là.

Cela dit, n'oublions pas que l'Eglise universelle n'est pas seulement, comme disent les théologiens, une "Communion de Communautés", mais aussi une immense organisation planétaire, aux rouages multiples, divers et compliqués.

C'est pourquoi il me semble essentiel d'analyser d'abord l'Eglise en tant qu'organisation, avec les outils de l'analyse organisationnelle.

5 - L'EGLISE : un SYSTEME, des ACTEURS

L'Analyse de Michel CROZIER

Une organisation, phénomène sociologique, est toujours un construit social, qui existe et se transforme seulement si d'une part elle peut s'appuyer sur des jeux permettant d'intégrer les stratégies de ses participants et si d'autre part elle assure à ceux-ci leur autonomie d'agents libres et coopératifs. L'acteur est donc engagé dans un système d'action concret et doit "découvrir, avec la marge de liberté dont il dispose, sa véritable responsabilité" (Michel CROZIER - *L'Acteur et le Système* p. 388).

*Une organisation (est) une unité économique de coordination, ayant des frontières identifiables et fonctionnant de façon relativement continue, en vue d'atteindre un objectif ou un ensemble d'objectifs partagé(s) par les membres participants.(*MENARD, Pierre, *L'Economie des organisations*, 1990, Paris, La Découverte, coll. Repères, p.15).

Sur le site Internet de l'Eglise de France (www.cef.fr), je lis : *Le terme Église, d' origine grecque, désigne l' assemblée du peuple convoqué. Dans le contexte du christianisme, l'Église est la communauté convoquée au nom du Christ. (...) En tant que peuple de Dieu, peuple de la Nouvelle Alliance en Jésus Christ, c' est la force de l'Esprit de Dieu qui est aux sources de l' histoire passée, présente et à venir de l'Église. En cela, elle est, à l' image du Royaume, une communion qui est l'œuvre de l'Esprit en ses membres, les Chrétiens. Par la présence en elle du Christ ressuscité, elle est sainte. Mais elle reste, malgré tout, par ses membres une réalité humaine et fragile, marquée par la faiblesse et les déviations qui peuvent affecter les croyants.*

"*L' Eglise est une réalité humaine*", dit cette définition. Ce qui signifie que, issue du message du Christ, elle n'en est pas moins une Organisation spécifique, fonctionnant selon les mêmes règles et les mêmes schémas que n'importe quelle autre Organisation, que n'importe quel autre Système. Comme un Service public (je pense entre autres à l'Education nationale française). Comme un parti politique. Comme un Syndicat. Comme n' importe quelle entreprise. Comme la famille. Un Système et des acteurs. Chaque acteur poursuivant ses propres objectifs, à l' intérieur d' un Système qui, bien souvent, comme tout système, a tendance à dévorer ses acteurs.

L' Acteur et le Système

Dans leur ouvrage "L'Acteur et le Système", paru en 1977, Michel CROZIER et Erhard FRIEDBERG analysent le Système organisationnel. Cet ouvrage est sous-titré : "Les contraintes de l'action collective". Leur analyse vaut pour toute organisation structurée, et donc pleinement pour l'Eglise.

On y lit notamment... (chaque fois que nous trouverons le terme "individu" ou "acteur", ou "agent", remplaçons-le par "pape", "évêque", "prêtre", "diacre", "laïc")... :

Les Buts et la Stratégie

L'Analyse Stratégique partira d'une constatation de base: **aucun individu n'accepte d'être traité totalement et uniquement comme l'objet du fonctionnement ou de l'accomplissement des buts d'une organisation. Les conduites des acteurs ne sont plus vues comme la simple résultante, prévisible, stéréotypée et donc reproductible, des déterminants structurels, financiers ou psychologiques. Leurs conduites sont inventées par les acteurs, dans un contexte, construites en vue de certains buts.**

L'Analyse Stratégique postule l'existence d'agents libres ayant chacun ses propres buts :
• *libres, car les organisations, quoiqu' étant des "machines à rationaliser", ont des limites;*
• *leurs buts, parce que les acteurs ont donc la possibilité d'y développer leurs stratégies.*

Pour atteindre ces buts, les acteurs vont poursuivre leurs propres stratégies; ils vont utiliser les ressources dont ils disposent de la manière la plus judicieuse, compte tenu des contraintes du moment, telles qu'ils les perçoivent, depuis leur position. Leur conduite n'est donc pas entièrement prévisible puisque changeante. L'acteur ajuste constamment sa conduite aux données nouvelles auxquelles il se trouve confronté, dans la recherche de son intérêt.

Toute organisation comme totalité (et, pour nous, l'Eglise en particulier) est donc traversée par une multiplicité de buts : pouvoir, prestige, autonomie, etc. De plus, chaque rôle, chaque fonction dans l'organisation fait faire aux acteurs l'expérience de certaines contraintes.

La négociation

Pour les différents acteurs, il y a donc là, matière à négocier, concrètement, au jour le jour. Quelle sera la capacité de l'organisation à positiver l'existence de ces rationalités multiples, de ces multiples buts, de ces rationalités limitées, entre lesquelles il doit y avoir négociation? Telle sera la spécificité d'une approche politique de l'organisation.

Face à cette multiplicité, qu'en est-il alors de l'unité de l'organisation? En fait, on la caractérisera comme un Système d'Action, l'organisation étant confrontée à un double problème :

- *réaliser ses objectifs, formuler ses propres buts;*
- *appeler ses membres, ses "constituants" à participer à leur réalisation.*

Bien entendu, ces acteurs peuvent y mettre les conditions, ils peuvent "négocier" leur participation, plus ou moins implicitement.

Toute organisation a donc besoin de la participation de ses membres et cette participation est toujours négociée.

Un laïc, qui fut l'un des acteurs importants de la vie ecclésiale en France, au cours du vingtième siècle, et qui participa notamment, en tant qu'invité, à plusieurs des Assemblées de l'Episcopat français, me disait un jour, sourire au coin des lèvres : "L'Eglise, dit-on, est menée par l'Esprit de Dieu... mais je peux vous dire que je sais comment fonctionne l'Esprit de Dieu dans l'Eglise...".

Voyons donc comment "cela fonctionne" dans l'Eglise :

Application à l'Eglise catholique
Inspiré de : http://gdlyon.pagesperso-orange.fr/

L'acteur est autonome.

Il existe des zones d'incertitude au sein des organisations, de même qu' entre ces organisations et leur environnement. Tout n'est pas déterminé. A l'intérieur de l'Organisation à laquelle il appartient, chaque individu a une marge de liberté.

Les zones d'incertitude selon Michel Crozier

- On ne peut pas tout réglementer dans une entreprise
- Il existe toujours des comportements que l'on ne peut prévoir et contrôler : autrement dit, il existe des marges de liberté pour les individus dans le système. Ces marges de liberté sont des zones d'incertitude.
- Ces zones d'incertitude constituent des atouts pour l'individu.
- Il va essayer d'en accroître le nombre et l'étendue.
- tandis que l'organisation, elle, poursuivra la logique inverse en s'efforçant de les réduire.
- Le contrôle de zones d'incertitude pertinentes représente donc un enjeu dans l'organisation.

4 types de zones d'incertitude

- la maîtrise d'une compétence particulière
- la maîtrise du lien entre l'organisation et une partie de son environnement
- la maîtrise de la communication et de l'information
- la maîtrise des zones d'incertitudes qui découlent de l'existence des règles organisationnelles

Dans l'Eglise catholique, on pourrait penser que ces marges de liberté sont minimes, parce que le contrôle de la pensée (doctrine) et celui des pratiques (morale, pastorale, sacrements) y seraient stricts. En fait, dans la doctrine il y a des degrés de vérité (= les notes théologiques[2]) : tout n'est pas dogme et vérité à croire, tout n'engage pas l'assentiment de la même manière. Dans le domaine des pratiques morales, sacramentelles ou pastorales, il existe aussi une marge d'appréciation et de liberté laissée aux fidèles et à leurs pasteurs.

Dans l'action pastorale notamment, le responsable jouit d'une certaine liberté. Car il a une connaissance du terrain qui le rend seul juge de l'opportunité de telle action, et il est relativement peu contrôlé par sa hiérarchie, mais en l'étant davantage par des groupes de fidèles qui seraient opposés à son action, et dont certains n'hésiteront pas à le dénoncer à l'évêque...

L'acteur a une "rationalité limitée"

Il existe dans l'Eglise catholique des obligations, des orientations, des indications, sous forme d'encyclique, de compendium, de vademecum, de

---

[2] *Une définition théologique peut être dite : 1 de foi divine et catholique - 2 de foi divine - 3 de foi ecclésiastique - 4 théologiquement certaine - 5 proche de la foi - 6 opinion commune*

guide, d'exhortation, de lettre pastorale, de motu proprio, etc. Leur mise en oeuvre demande soit du temps, soit des aménagements, en raison des coutumes, des mentalités, des tendances locales : par exemple, la réforme liturgique de Vatican II, la Formation permanente, la pastorale du baptême des petits enfants, les funérailles, la confirmation... C'est donc un ensemble d'interactions entre les différents acteurs de la pastorale qui définit une pastorale.

L'acteur négocie avec les autres le pouvoir

Selon Michel CROZIER, le pouvoir est une relation entre acteurs et non pas l'attribut de certains acteurs. Ce pouvoir réside dans la marge de liberté de chacun des acteurs inscrits dans ce jeu de relations sociales, d'interactions.

Si l'Evêque diocésain concentre en sa fonction les pouvoirs législatif, exécutif et judiciaire, il en délègue l'exercice à des vicaires, généraux ou/et épiscopaux, se gardant pour lui le pouvoir d'édicter des lois et décrets sur le territoire de sa juridiction, pouvoir qui n'appartient qu'à lui.

Mais l'exercice de ce pouvoir exige que l'Evêque diocésain ait l'autorité suffisante pour qu'il soit suivi d'effets. Le curé ou l'aumônier connaissent, à leurs niveaux, la même difficulté d'être acceptés à double titre :
- accepter qu'existe cette fonction régalienne du pasteur,
- accepter que cette fonction soit exercée par eux-mêmes.

Pour l'acteur ecclésial amené à décider, diverses stratégies sont possibles, comme d'affirmer fort son pouvoir de décider, de persuader de la justesse de ses décisions, de justifier ses décisions, de préparer les mentalités à accepter ses décisions, etc.

Pour l'acteur ecclésial amené à exécuter une décision, diverses stratégies sont possibles : appliquer à la lettre, adapter l'application selon ce qu'il pense être le mieux, différer la mise en œuvre, entamer un dialogue avec l'autorité pour obtenir éclaircissements, modifications, délais, ajournements, etc., attendre un contrôle d'exécution, etc.

Les acteurs en interaction construisent un "*système d'action concret*"

Selon Michel CROZIER, on entend par système d'action concret "un ensemble humain structuré qui coordonne les actions de ses participants, par des mécanismes de jeux, et les rapports entre ceux-ci, par des mécanismes de régulation qui constituent d'autres jeux".

- Cet ensemble humain qui avance dans la même direction, avec des acteurs aux tâches diverses, poursuivant un même objectif, mais parfois par des stratégies différentes, dans l'Eglise, on le nomme "vie du diocèse ou de la paroisse", "grande famille des chrétiens", "peuple de Dieu", "dynamique pastorale"... etc. La dénomination "corps mystique du Christ" pourrait signifier la même chose, mais en donnant à penser que seule la "tête" exerçait une responsabilité.

- Dans l'Eglise locale, le diocèse, on peut aisément discerner la structuration de l'ensemble qui permet de coordonner les actions pastorales, avec ses réussites et ses échecs, ses dysfonctionnements et ses facilitations.

- Les stratégies des acteurs sont relativement faciles aussi à mettre à jour et comprendre.

- En revanche, les mécanismes de régulation des relations entre les jeux d'acteurs semblent moins évidents. La régulation par "le haut" (mutation pour le bien du service, décret épiscopal...) semble, dans la plupart des diocèses, être précédée d'une régulation par l'échange. Il y a des lieux et des temps d'échanges de vues, d'expériences, de projets : réunions de responsables, visites pastorales, entretien face à face, commissions de réflexion, etc. Bien qu'il puisse exister encore quelques évêques qui décident seuls.

- Il y a peu de contrôle sous forme de visite canonique, peu d'évaluation à partir d'audits pastoraux.

Tout cela se résume d'une phrase : Quelle que soit l'Organisation à laquelle, j'appartiens, si bétonnée paraisse-t-elle, sa structure recèle toujours des trous, et son fonctionnement des aleas, par lesquels je peux faire jouer ma liberté. L'Eglise comme les autres. Michel CROZIER nomme cela des "zones d'incertitude".

Histoire d'une NEGOCIATION

Pour illustrer ce qui précède, je raconterai cette histoire personnelle :

Un certain mardi d'un certain mois de Mai, j'avais rendez-vous chez l'évêque. Je savais que c'était pour me proposer un nouveau ministère en paroisse. Il me proposa de devenir curé d'une paroisse du HAVRE.

La proposition m'interloqua ! Je connaissais cette paroisse et son curé. J'y animais régulièrement des rencontres de catéchèse avec des jeunes de 3°. Et je célébrais également de temps en temps des messes à l'église le dimanche. Ce quartier était composé, tel que je le voyais, d'un grand nombre de retraités. A l'époque, j'avais 45 ans. J'avais évolué jusqu'alors dans le monde des jeunes. Je ne me voyais donc pas franchir si rapidement un si grand fossé. D'autre part, je savais que j'étais connu, par les parents des jeunes, comme un prêtre "aux idées avancées"... Je le dis à l'évêque, en déclinant son offre... Il fut pris au dépourvu. Il avait cru que la nomination passerait comme une lettre à la poste. Et il se voyait obligé de chercher autre chose. Nous nous quittâmes ainsi.

Je le revis quinze jours après à 17 heures. Il me dit qu'il avait consulté le Conseil épiscopal, et qu'il maintenait sa proposition, car il pensait que ce serait bien pour moi, et pour les paroissiens dont il était question. Je maintins mon opposition, avec les mêmes arguments. Il me dit alors :

- *Et pourtant, en tant qu' évêque, je pourrais vous imposer d'y aller !*
- *Jadis, sans aucun doute,* répondis-je, *car vous m'auriez dit quelque chose comme : "Je vous nomme chanoine, ou chapelain d'honneur de la Métropole", et ce titre honorifique m'aurait fait avaler la pilule ! Mais aujourd'hui, ces hochets, vous les avez supprimés, alors, qu'est-ce qu'on fait ? Eh bien, on négocie !".*

Et je restai ferme sur mes positions.

Je le revis une dernière fois quinze jours après, un certain jour de Juin, à 9 heures, avant la réunion du Conseil épiscopal. Et là, il me proposa de remplacer mon ami Pierre C... dans une paroisse proche du HAVRE que je connaissais, puisque l'un de mes vieux amis en avait été le curé. Et j'étais heureux de lui succéder. C'est là également que demeuraient mes amis Jacques et Françoise T..., qui étaient dans une équipe d' Action Catholique des Milieux Indépendants que j'accompagnais. J'acceptai donc immédiatement et de grand cœur. Au grand soulagement de l'évêque !

Je déjeunais chaque jour à la Centrale d'Action catholique, rue Gustave Flaubert. Ce midi-là, hasard ou pas, mon ami Pierre C... y était. Lorsqu'il me vit, il me dit :

- *Jean-Paul, j'ai quelque chose à te dire*
- *Tu veux me parler de la paroisse saint... ?*
- *Comment tu le sais ?*
- *Pas difficile, je sors de chez l'évêque, il m'a proposé de te remplacer; alors je suppose que tu as accepté la paroisse que j'ai refusée ! Ca fait un bon mois que nous sommes en négociation*
- *Oh ! la vache !,* me dit-il, *Le vicaire général est venu avant-hier midi, pour me proposer la paroisse en question, en me disant : Je te laisse*

une journée de réflexion ! J'y ai réfléchi toute la nuit. Et je lui ai téléphoné hier pour lui dire que j'acceptais
- *C'est comme cela qu'il a pu me proposer de prendre ta place !.*

Parmi les cinq figures que j'évoquerai à la fin de ce "patchwork", il y a celle de Georges. La seule manière pour lui de négocier et de manifester ainsi sa liberté fut le suicide...

6 - CONSULTATIONS dans l'Eglise

Dans l'Eglise, comme dans toute organisation, les divers managers-responsables, réunis en Conseil d'Administration de l'Association diocésaine, en Conseil épiscopal, en Conseil presbytéral, en Conseil pastoral ou en Conseil des Affaires économiques, définissent des objectifs à atteindre, et des moyens à mettre en œuvre pour les atteindre.

Dans l'Eglise, comme dans toute organisation, les acteurs "de base" ne sont que les exécutants d'une politique définie ailleurs, et sans eux, mais par des responsables nommés par l'Autorité hiérarchique, et non pas élus par le Peuple.

Dans tel diocèse, lors d'une récente refonte du système paroissial, l'évêque (et son Conseil) ont d'abord décidé de consulter le "Peuple de Dieu" sur ce qu'il conviendrait de faire pour une meilleure mise en œuvre de la "nouvelle évangélisation".

En une première année, tous les Conseils existants ont été consultés (Equipes pastorales, Conseils pastoraux, Conseils aux Affaires économiques...).

Chaque groupe (laïcs et prêtres d'une même paroisse) a réfléchi, à partir d'un questionnaire assez ouvert. Puis a rédigé un compte-rendu de cette réflexion. L'ensemble des comptes-rendus des groupes d'une même paroisse ont été présentés à l'évêque, lors d'une rencontre locale.

Puis, en une deuxième année, l'évêque (et son Conseil) se sont saisis des comptes-rendus, les ont étudiés, analysés, synthétisés. La synthèse d'ensemble a été présentée lors d'une rencontre de tous les prêtres du diocèse, qui étaient invités à réagir.

Enfin, l'évêque a publié un texte instituant une nouvelle forme de regroupement des paroisses existantes.

Résumé de la manœuvre :
- première année : les laïcs ont la parole,
- deuxième année, les prêtres sont consultés. Le Conseil épiscopal réfléchit et propose. L'évêque décide. N'aurait-on pas oublié quelqu'un cette année ? Cherchez l'erreur !... Je sais, l'Eglise n'est pas une Démocratie...mais, en France, les membres de l'Eglise sont citoyens d'une République de forme démocratique. Vous ne pourriez pas faire quelque chose ?...

7 - L' Eglise comme dernière survivance de la Société d'Ancien Régime

AUTORITE et OBEISSANCE

RAPPEL

La société d'Ancien Régime, très hiérarchisée, restait tributaire de la société féodale. La répartition de la société en trois ordres (clergé, noblesse, tiers-état), était perçue comme naturelle (cf. document ci-dessous), marquée par des règles strictes, et respectée par les Français jusqu'à ce qu'elle fut mise en cause par les Philosophes des "Lumières" au XVIII° siècle. Au sommet de la pyramide sociale, le roi faisait le lien entre les trois corps de la société : il était l'homme choisi par Dieu, le premier des guerriers et le père de tous ses sujets.

De même, au sommet de la hiérarchie ecclésiale traditionnelle, il y a l'évêque, qui est à la fois "prêtre, prophète et roi", et qui tient entre ses mains le pouvoir exécutif, législatif et judiciaire.

DOCUMENT : CH. LOYSEAU, Traité des ordres et simples dignités (1610)

L'organisation de la société

Il faut qu'il y ait de l'ordre en toutes choses. Nous ne pourrions pas vivre en égalité de condition, mais il faut par nécessité que les uns commandent et que les autres obéissent. Ceux qui commandent ont plusieurs degrés : les souverains seigneurs commandent à tous ceux de leur État, adressant leur commandement aux grands, les grands aux médiocres, les médiocres aux petits et les petits au peuple. Et le peuple qui obéit à tous ceux-là est encore séparé en plusieurs ordres et rangs. Ainsi par le moyen de ces divisions et subdivisions multipliées, il se fait de plusieurs ordres un ordre général auquel il y a une bonne harmonie et consonance et une correspondance et rapport du plus bas au plus haut : de sorte qu'enfin un nombre innombrable aboutit à son unité.

Les uns sont dédiés particulièrement au service de Dieu ; les autres à conserver l'État par les armes ; les autres à le nourrir. Ce sont nos trois ordres ou États généraux de France, le Clergé, la Noblesse et les Tiers États. Mais chacun de ces trois ordres est encore subdivisé en degrés subordonnés à l'exemple de la hiérarchie céleste. Ceux du clergé sont les ordres sacrés de prêtre, évêque et cardinal et les divers ordres de moines. Ceux de la noblesse sont la simple noblesse, la haute noblesse et les princes. Dans le Tiers État qui est le plus ample, il y a des gens de lettres, de finance, de marchandise, de métier, de labour et de bras.

1- Encyclique "Immortale Dei" de Léon XIII – 1 novembre 1885

… le Fils unique de Dieu a établi sur la terre une société qu'on appelle l'Eglise, et il l'a chargée de continuer à travers tous les âges la mission sublime et divine que lui-même avait reçue de son Père. *Comme mon Père m'a envoyé, moi je vous envoie. Voici que je suis avec vous jusqu'à la consommation des siècles*. De même donc que Jésus-Christ est venu sur la terre afin que les hommes *eussent la vie et l'eussent plus abondamment*, ainsi l'Eglise se propose comme fin le salut éternel des âmes; et dans ce but, telle est sa constitution qu'elle embrasse dans son extension l'humanité tout entière et n'est circonscrite par aucune limite ni de temps, ni de lieu. *Prêchez l'Evangile à toute créature* .

A cette immense multitude d'hommes, Dieu lui-même a donné des chefs avec le pouvoir de les gouverner. A leur tête il en a préposé un seul dont il a voulu faire le plus grand et le plus sûr maître de vérité, et à qui il a confié les clés du royaume des cieux. *Je te donnerai les clés du royaume des cieux. Paix mes agneaux... paix mes brebis. J'ai prié pour toi, afin que ta foi ne défaille pas.*

Bien que composée d'hommes comme la société civile, cette société de l'Église, soit pour la fin qui lui est assignée, soit pour les moyens qui lui servent à l'atteindre, est surnaturelle et spirituelle. Elle se distingue donc et diffère de la société civile. En outre, et ceci est de la plus grande importance, elle constitue une **société juridiquement parfaite** dans son genre, parce que, de l'expresse volonté et par la grâce de son Fondateur, elle possède en soi et par elle-même toutes les ressources qui sont nécessaires à son existence et à son action.

Comme la fin à laquelle tend l'Eglise est de beaucoup la plus noble de toutes, de même son pouvoir l'emporte sur tous les autres et ne peut en aucune façon être inférieur, ni assujetti au pouvoir civil. En effet, Jésus-Christ a donné plein pouvoir à ses Apôtres dans la sphère des choses sacrées, en y joignant tant la faculté de faire de véritables lois que le double pouvoir qui en découle de juger et de punir. *" Toute puissance m'a été donnée au ciel et sur* la terre ; allez donc, enseignez toutes les nations... apprenez-leur à observer tout ce que je vous ai prescrit ". - Et ailleurs : " S'il ne les écoute pas, dites-le à l'Eglise." Et encore : " Ayez soin de punir toute désobéissance " . De plus : " Je serai plus sévère en vertu du pouvoir que le Seigneur m'a donné pour l'édification et non pour la ruine ".

C'est donc à l'Eglise, non à l'Etat, qu'il appartient de guider les hommes vers les choses célestes, et c'est à elle que Dieu a donné le mandat de connaître et de décider de tout ce qui touche à la religion ; d'enseigner toutes les nations, d'étendre aussi loin que possible les frontières du nom chrétien ; bref, d'administrer librement et tout à sa guise les intérêts chrétiens.

2- Encyclique "Vehementer nos" de sa Sainteté le Pape Pie X au Peuple français – 11 février 1906).

L'Ecriture nous enseigne, et la tradition des Pères nous le confirme, que l'Eglise est le corps mystique du Christ, corps régi par des pasteurs et des docteurs (Ephésiens., IV, 11), société d'hommes, dès lors, au sein de laquelle des chefs se trouvent qui ont de pleins et parfaits pouvoirs pour gouverner, pour enseigner et pour juger. (Matthieu, XXVIII, 18-20 ; XVI, 18-19 ; XVIII, 17 ; Tite II, 15 ; II Cor. X, 6 ; XIII, 10, etc.)

Il en résulte que cette Eglise est par essence une société inégale, c'est-à-dire une société comprenant deux catégories de personnes: les pasteurs et le troupeau, ceux qui occupent un rang dans les différents degrés de la hiérarchie et la multitude des fidèles; et ces catégories sont tellement distinctes entre elles, que, dans le corps pastoral seul, résident le droit et l'autorité nécessaires pour promouvoir et diriger tous les membres vers la fin de la société.

Quant à la multitude, elle n'a pas d'autre devoir que celui de se laisser conduire et, troupeau docile, de suivre ses pasteurs.

3- Constitution sur l'Eglise "LUMEN GENTIUM" - 21.11.1964

Le Christ est la lumière des peuples ; réuni dans l'Esprit Saint, le saint Concile souhaite donc ardemment, en annonçant à toutes les créatures la bonne nouvelle de l'Évangile répandre sur tous les hommes la clarté du Christ qui resplendit sur le visage de l'Église (cf. Marc 16, 15). L'Église étant, dans le Christ, en quelque sorte le sacrement, c'est-à-dire à la fois le signe et le moyen de l'union intime avec Dieu et de l'unité de tout le genre humain, elle se propose de mettre dans une plus vive lumière, pour ses fidèles et pour le monde entier, en se rattachant à l'enseignement des précédents

Conciles, sa propre nature et sa mission universelle. À ce devoir qui est celui de l'Église, les conditions présentes ajoutent une nouvelle urgence : il faut que tous les hommes, désormais plus étroitement unis entre eux par les liens sociaux, techniques, culturels, réalisent également leur pleine unité dans le Christ.

*33 - ... Les laïcs peuvent en outre, de diverses manières, être appelés à coopérer plus immédiatement avec l'apostolat de la hiérarchie, à la façon de ces hommes et de ces femmes qui étaient des auxiliaires de l'apôtre Paul dans l'Évangile, et, dans le Seigneur, dépensaient un grand labeur (cf. Philippiens 4, 3 ; Romains 16, 3 s.). En outre, ils ont en eux **une aptitude à être assumés par la hiérarchie** en vue de certaines fonctions ecclésiastiques à but spirituel.*

À tous les laïcs, par conséquent, incombe la noble charge de travailler à ce que le dessein divin de salut parvienne de plus en plus à tous les hommes de tous les temps et de toute la terre. La voie doit donc leur être ouverte de toutes parts pour que, selon leurs forces et selon les nécessités des temps, ils puissent activement participer, eux aussi, à l'œuvre de salut qui est celle de l'Église.

*37- Les laïcs, comme tous les fidèles, doivent embrasser, **dans la promptitude de l'obéissance chrétienne,** ce que les pasteurs sacrés représentent le Christ décident au nom de leur magistère et de leur autorité dans l'Église...*

*... Les pasteurs, de leur côté, doivent reconnaître et promouvoir la dignité et la responsabilité des laïcs dans l'Église ; ayant volontiers recours à la prudence de leurs conseils, **leur remettant avec confiance des charges au service de l'Église**, leur laissant la liberté et la marge d'action, stimulant même leur courage pour entreprendre de leur propre mouvement. Qu'ils accordent avec un amour paternel attention et considération dans le Christ aux essais, vœux et désirs proposés par les laïcs, qu'ils respectent et reconnaissent la juste liberté qui appartient à tous dans la cité terrestre...*

4- Code de Droit canonique (1983)

*Can. 212 – § 1. Les fidèles conscients de leur propre responsabilité **sont tenus d'adhérer par obéissance chrétienne** à ce que les Pasteurs sacrés, comme représentants du Christ, déclarent en tant que maîtres de la foi ou décident en tant que chefs de l'Église.*

Can. 273 – Les clercs sont tenus par une obligation spéciale à témoigner respect et obéissance au Pontife Suprême et chacun à son Ordinaire propre.

*Can. 601 – Le conseil évangélique d'obéissance, assumé en esprit de foi et d'amour à la suite du Christ obéissant jusqu'à la mort, **oblige à la soumission de la volonté aux Supérieurs légitimes qui tiennent la place de Dieu**, lorsqu'ils commandent suivant leurs propres constitutions.*

5- Le rite d'Ordination d'un prêtre

Au début de la célébration, avant le chant des Litanies des Saints et la Préface consécratoire, l'évêque pose un certain nombre de questions à celui qui va être ordonné prêtre.
Puis, chaque ordinand s'approche de l'évêque et, agenouillé devant lui, met ses mains jointes entre les mains de l'évêque.

- L' évêque : *Promettez-vous de vivre en communion avec moi et mes successeurs, dans le respect et l'obéissance ?*
- L' ordinand : *Je le promets.*
- L'évêque : *Que Dieu lui-même achève en vous ce qu'il a commencé.*

6- Le fonctionnement de l'église

Avant 1962: Depuis le Concile de Trente, au XVI° siècle, l'Eglise catholique se définissait comme une société parfaite, inégale parce que hiérarchique. Avec la proclamation du dogme de l'infaillibilité pontificale, le premier Concile du Vatican, en 1871, avait également renforcé le rôle et l'autorité du pape.

Ce qu'a changé Vatican II (1962 – 1965) : Définie comme "Peuple de Dieu", l'Eglise est formée d'une diversité de membres dont tous ont même dignité dans une variété de missions. Ainsi le Concile insiste-t-il sur la "collégialité" des évêques. Ceux-ci sont responsables non seulement de leur diocèse, mais aussi, avec le pape, de l'Eglise tout entière.

Diverses opinions se sont exprimées depuis la clôture du Concile Vatican II en 1965. Je ne reviendrai pas sur l'engouement extraordinaire de milliers de prêtres et de laïcs, qui n'ont retenu que l'autorisation de porter l'habit de clergyman pour les prêtres (avant de porter chemise et cravate, ou polo et baskets), la célébration de la Messe face au Peuple et la faculté de la célébrer dans la langue du pays, la définition de l'Eglise comme "Peuple de Dieu" (en oubliant l'organisation hiérarchique), et l'encouragement au renouveau de la recherche biblique.

Je donne la parole bien plutôt à ceux qui ont vu très tôt les limites du Concile (citations extraites de "La Libre Belgique" 2002) et ce qu'il restait faire :

- Pierre PIERRARD, ancien professeur d'histoire contemporaine à l'Institut catholique de Paris: `*Si important et lumineux qu'il ait été, Vatican II fut un concile de clercs, appliqué par des clercs, pas assez expliqué, commenté et pris en compte dans les communautés. Sur le plan de la collégialité épiscopale, on est aujourd'hui bien en deçà de ce qu'on pouvait attendre. A la différence des évêques orthodoxes, autonomes dans leurs diocèses, les évêques catholiques demeurent inféodés à Rome. Le poids de la Curie romaine est énorme. (...) Enfin, les laïcs de la base sont muets. Il y a bien eu des synodes diocésains, mais sans suite.*´
- Charles DELHEZ, rédacteur en chef de "Dimanche": `*Si l'Eglise n'est pas une démocratie au sens politique du terme, ni d'ailleurs une monarchie, elle ne peut cependant faire fi d'un fonctionnement démocratique. Nous ne pouvons aller à contre-courant des valeurs positives de la société dans laquelle nous avons à vivre, valeurs qui viennent d'ailleurs de l'Evangile lui-même.*´ (`Nouvelles questions sur la foi´, Cerf/Fidélité/Racine)
- Gabriel RECTEUR, pro-recteur de l'Université Catholique de Louvain : `*Si elle (l'Eglise) osait débattre... Organiser une véritable opinion publique, reconnaître un "droit de tendance", apprendre ou réapprendre à faire synode, c'est-à-dire à tous les échelons, délibérer avant de décider. Retrouver une authentique synodalité, c'est mettre au point une manière évangélique de vivre les conflits et accueillir comme un signe de santé la parole parfois décoiffante des chrétiens critiques.* (`L'Evangile d'un libre penseur´, Albin Michel)

Quelle liberté politique, quelle liberté de la parole et quelle liberté de décision sont laissées aux fidèles dans l'Eglise?

L'Eglise des siècles précédents s'est définie elle-même comme une société "parfaite", c'est-à-dire, disposant absolument de tous les pouvoirs qu'il y avait dans les Etats. Souvenons-nous qu'à ce moment là, il y avait encore un Etat du Vatican, qui était un Etat de l'Eglise. Il y avait des Etats de l'Eglise en Italie, où le pape était en même temps souverain temporel, et traitait à égalité avec les autres souverains. La papauté imposait son propre idéal politique. L'Eglise se définissait alors comme une société "parfaite", c'est-à-dire dotée de tous les pouvoirs. "*De droit divin surnaturel encore, l'Eglise est une société publique "parfaite", c'est-à-dire qu'elle a le droit de posséder tous les organes et toutes les institutions dont elle a besoin pour atteindre sa fin propre, qui est l'avancement du Règne de Dieu ; au nombre de ces organes et institutions. Dans le vocabulaire de la philosophie chrétienne, on appelle société "parfaite" non point une société dont tous les membres seraient sans péché, toutes les mœurs sans défaillance et tous les usages excellents,*

- mais une société qui, par sa nature, a en elle tous les moyens nécessaires pour atteindre sa fin propre. C'est en ce sens l'Eglise est une société parfaite". (Léon XIII, *Satis Cognitum*, 1896).

L'Eglise a voulu s'affirmer comme société "parfaite" en voyant combien l'idée démocratique gagnait du terrain en Europe, où beaucoup d'Etats monarchiques devaient laisser au moins les aristocrates ou les hommes plus riches élaborer des constitutions et donc reconnaître une certaine liberté aux autres. C'était aussi l'époque où tous les Etats monarchiques étaient menacés par l'idée démocratique c'est-à-dire par l'idée que le pouvoir appartient au peuple.

Pour la papauté, c'était une idée tout à fait irréligieuse car le pouvoir vient de Dieu. Il ne monte pas du peuple, il descend de Dieu. La papauté était persuadée que l'aspiration démocratique allait entraîner l'Europe dans le chaos politique, de telle sorte qu'un jour, tous les Etats se retourneraient vers l'Eglise et l'Eglise tenait à donner l'exemple d'une société "parfaite".

Une société "parfaite", c'était une monarchie absolue de droit divin, un tout petit peu tempérée par le collège des cardinaux. Où le pouvoir appartenait exclusivement à la succession apostolique des évêques, successeurs des Apôtres. C'était un pouvoir sacré, réservé aux personnes consacrées.

Rappelons-nous que les rois étaient aussi sacrés, une sacralisation reçue du pape, qui marquait bien que le roi ou l'empereur était l'oint du Seigneur, c'est-à-dire tout proche de Dieu. Il avait reçu l'onction.

Pour l'Eglise, la démocratie s'opposait au droit divin, selon lequel tout pouvoir vient de Dieu. L'Eglise ne voulait pas de démocratie sous quelque forme que ce soit. C'est ainsi que s'est construite l'idée de la primauté pontificale.

Vatican II a apporté bien des adoucissements à cette vision des choses. Des aménagements sont entrés dans le droit canon. Des laïcs sont entrés dans les conseils pastoraux.

Vatican II a fortement invité tous les évêques et les curés à faire appel au conseil des laïcs, à faire entrer des laïcs dans leurs conseils... mais pas dans la prise des décisions... Les laïcs ne jouissent pas, dans l'Eglise, de droits citoyens comparables à ceux qui sont les leurs dans la société civile. L'Eglise n'est pas une démocratie !

Le pouvoir appartient aux clercs depuis l'institution de la distinction entre laïcs et clercs qui remonte au début du III° siècle, avec ce qu'on appelle la tradition apostolique d'Irénée, qui n'a rien d'apostolique d'ailleurs.

C'est à ce moment qu'on a commencé à imposer les mains à des personnes qui avaient, seules, le droit de participer à la liturgie. D' où l' inégalité entre hommes et femmes, puisque l'Eglise ne permettait pas aux femmes d'accéder à la consécration…

… et ne le permet toujours pas.

Dans notre monde sécularisé, le chrétien laïc ne jouit pas, dans l'Eglise, des prérogatives et des libertés qui sont considérées comme constitutives des droits humains dans une société démocratique. Il (Elle) n'est pas considéré(e) comme un individu majeur.

7 - Code de Droit canonique - L'Evêque et les instances de décision diocésaines

L' évêque diocésain

Can. 381
§ 1. **À l'Évêque diocésain revient, dans le diocèse qui lui est confié, tout le pouvoir ordinaire, propre et immédiat** requis pour l'exercice de sa charge pastorale, à l'exception des causes que le droit ou un décret du Pontife Suprême réserve à l'autorité suprême ou à une autre autorité ecclésiastique.

Can. 391
§ 1. Il appartient à l'Évêque diocésain de gouverner l'Église particulière qui lui est confiée **avec pouvoir législatif, exécutif et judiciaire**, selon le droit.
§ 2. L'Évêque exerce lui-même le pouvoir législatif; il exerce le pouvoir exécutif par lui-même ou par les Vicaires généraux ou les Vicaires épiscopaux, selon le droit; le pouvoir judiciaire, par lui-même ou par le Vicaire judiciaire et les juges, selon le droit.

TITRE III L'ORGANISATION INTERNE DES ÉGLISES PARTICULIÈRES

Le Conseil pour les affaires économiques

Canon 492
§ 1. Dans chaque diocèse sera constitué le conseil pour les affaires économiques que préside l'Évêque diocésain lui-même ou son délégué; il sera composé d'au moins trois fidèles nommés par l'Évêque, vraiment compétents dans les affaires économiques comme en droit civil, et remarquables par leur probité.

- § 2. Les membres du conseil pour les affaires économiques seront nommés pour cinq ans, mais ce temps écoulé, ils peuvent être reconduits pour d'autres périodes de cinq ans.

Canon 494
§ 1. Dans chaque diocèse l'Évêque, après avoir entendu le collège des consulteurs et le conseil pour les affaires économiques, nommera un économe vraiment compétent dans le domaine économique et remarquable par sa probité.
- § 2. L'économe sera nommé pour cinq ans, mais ce temps écoulé, il peut l'être de nouveau pour d'autres périodes de cinq ans; durant sa charge, il ne sera pas révoqué sauf pour une cause grave estimée telle par l'Évêque après

qu'il ait entendu le collège des consulteurs et le conseil pour les affaires économiques.
- § 3. Selon les directives définies par le conseil pour les affaires économiques, il revient à l'économe d'administrer les biens du diocèse sous l'autorité de l'Évêque et de faire, à partir du fonds constitué dans le diocèse, les dépenses que l'Évêque et les autres personnes légitimement désignées par lui auront ordonnées.
- § 4. À la fin de l'année, l'économe doit rendre compte des recettes et des dépenses au conseil pour les affaires économiques.

Le Conseil presbytéral et le Collège des consulteurs

Canon 495
§ 1. Dans chaque diocèse sera constitué le conseil presbytéral, c'est-à-dire la réunion des prêtres représentant le presbyterium qui soit comme le sénat de l'Évêque, et à qui il revient de l'aider selon le droit dans le gouvernement du diocèse, dans le but de promouvoir le plus efficacement possible le bien pastoral de la portion du peuple de Dieu confiée à l'Évêque.

Canon 500
§ 1. Il revient à l'Évêque diocésain de convoquer le conseil presbytéral, de le présider et de déterminer les questions qui doivent y être traitées, ou d'accueillir les questions proposées par les membres.
- *§ 2. Le conseil presbytéral n'a que voix consultative; l'Évêque diocésain l'entendra pour les affaires de plus grande importance, mais il n'a besoin de son consentement que dans les cas expressément fixés par le droit.*
- § 3. Le conseil presbytéral ne peut jamais agir sans l'Évêque diocésain auquel seul revient également le soin de faire connaître ce qui a été décidé selon le § 2.

Canon 502
§ 1. Parmi les membres du conseil presbytéral, quelques prêtres sont nommés librement par l'Évêque diocésain au nombre d'au moins six et pas plus de douze, qui constitueront pour une durée de cinq ans le collège des consulteurs, auquel reviennent les fonctions fixées par le droit; toutefois à l'expiration des cinq années, le collège continue d'exercer ses fonctions propres jusqu'à ce qu'un nouveau collège soit constitué.
- § 2. L'Évêque diocésain préside le collège des consulteurs; cependant lorsque le siège est empêché ou vacant, c'est celui qui tient provisoirement la place de l'Évêque, ou si le collège n'a pas encore été constitué, c'est le prêtre le plus ancien d'ordination au sein du collège des consulteurs.

Le Conseil pastoral

Canon 511
Dans chaque diocèse, dans la mesure où les circonstances pastorales le suggèrent, sera constitué le conseil pastoral auquel il revient sous l'autorité de l'Évêque d'étudier ce qui dans le diocèse touche l'activité pastorale, de l'évaluer et de proposer des conclusions pratiques.

Canon 512 –
§ 1. Le conseil pastoral se compose de fidèles qui soient en pleine communion avec l'Église catholique, tant clercs ou membres d'instituts de vie consacrée, que laïcs surtout; ils sont désignés selon le mode fixé par l'Évêque diocésain.

Canon 514 –
§ 1. Il appartient à l'Évêque diocésain seul, selon les besoins de l'apostolat, de convoquer et de présider le conseil pastoral qui n'a que voix consultative; c'est aussi à lui seul qu'il revient de publier ce qui a été traité au conseil.
- § 2. Le conseil pastoral sera convoqué au moins une fois par an.

9 - Le CONSEIL EPISCOPAL
(Souvenir d'impressions)

De 1974, année de la fondation du Diocèse du HAVRE et de l'arrivée du premier évêque de ce Diocèse, jusqu'à son remplacement en Juillet 2003, chaque vendredi se tenait le "Conseil épiscopal". Je mets ce terme entre guillemets, car il est essentiellement ambigu. En effet, le Code de Droit canonique, qui régit tout ce qui se fait dans l'Eglise catholique, précise ceci (cf. chapitre précédent) :

- Can. 495 -   § 1 . *Dans chaque diocèse sera constitué le **conseil presbytéral**, c'est-à-dire la réunion des prêtres représentant le presbyterium qui soit comme le sénat de l'Evêque, et à qui il revient de l'aider selon le droit dans le gouvernement du diocèse, dans le but de promouvoir le plus efficacement possible le bien pastoral de la portion du peuple de Dieu confiée à l'Evêque .*

Le Code parle de "Conseil presbytéral" comme du "Sénat" de l'Evêque, c'est-à-dire d'un organe consultatif, destiné à éclairer l'évêque dans les décisions à prendre. Or, cet organe consultatif existe bel et bien, mais il s'appelle "Conseil épiscopal". Je mets donc ce terme entre guillemets, car c'est une structure qui n'a pas d'existence juridique, mais que tous les évêques de France constituent autour d'eux, et cela depuis des lustres. Il y avait donc un "Conseil épiscopal" au HAVRE, qui se réunissait en théorie chaque vendredi.

Mais pas en pratique. En effet, les membres du "Conseil épiscopal" étant trop nombreux, l'évêque avait décidé que le seul Conseil épiscopal opérationnel serait le "Conseil restreint".

On se trouvait donc, dans le Diocèse du HAVRE, avec un "Conseil épiscopal" à double détente : restreint et élargi. Quant au "Conseil presbytéral", il y en avait bien un, constitué de prêtres élus par les autres prêtres, selon une norme fixée par l'évêque. Il s'occupait de... au fait, quelle était sa mission ? Moi qui en ai été un temps le vice-président, je n'ai jamais su quelle elle était! C'était un organisme purement formel. Il existait parce qu'il devait exister ! L'Evêque le réunissait parce qu'il devait être réuni. Point-barre !

J'ai participé au Conseil épiscopal pendant quelques années.

Qui composait le "Conseil épiscopal" ?

On trouvait, réunis dans la grande salle de l'Evêché, autour de tables disposées en carré :

Côté sud, au centre : Monseigneur l'évêque. Il arrivait avec ses "dossiers", lorsque tout le monde était là, et le Conseil commençait par la prière de Tierce, qui est l'une des heures du Bréviaire.

Côté ouest,
- Michel, Vicaire général, 46 ans.
- Myriam, responsable de l'Enseignement catholique.
- Danièle, responsable diocésaine de la Catéchèse.
- Camille, 73 ans, coordonnateur de la Pastorale en Monde ouvrier.

Côté nord,
- Moi-même, 69 ans, responsable d'un Doyenné
- Colas, 67 ans, responsable d'un Doyenné.
- Jacques, 51 ans. responsable d'un Doyenné.
- Albert, 54 ans. Vicaire épiscopal et Chancelier du Diocèse.
- Jacques, économe diocésain.

Côté est,
- Manuel, 71 ans. Responsable de la Pastorale liturgique et sacramentelle.
- Christian, 45 ans, responsable d'un Doyenné.
- Jim, 54 ans, responsable d'un Doyenné.
- Paul, 42 ans, Aumônier du Service diocésain C 4/3 (Jeunes Chrétiens en 4° et 3°).

Que faisait-on au Conseil épiscopal ?

On "étudiait des dossiers"... Ce fut pendant 28 années, le leitmotiv de l'évêque : *"Bon ! Eh bien, maintenant on va étudier le dossier suivant!"*. Chaque mois, un ou deux dossiers : Le Mariage – Le Sacrement de la Réconciliation – Les prêtres âgés – La réforme de la Catéchèse – Les Secteurs... On discutait, on re-discutait, on re-re-discutait, toujours avec sérieux et application, on refermait le dossier, et on passait au suivant, jusqu'au mois prochain. J'ai rarement vu un dossier aboutir à des décisions. Et, lorsqu'il y eut décision, j'ai rarement vu ces décisions être appliquées. Pourquoi ? Parce que, simplement, l'évêque n'a aujourd'hui aucun moyen de contraindre qui que ce soit à appliquer une décision qui ne s'impose pas d'elle-même.

Où donc étaient prises les décisions ? Mais au Conseil restreint : l'Evêque, le Vicaire général, le Vicaire épiscopal chancelier, le coordonnateur en Monde ouvrier (pourquoi lui ici ? sans doute la sacro-sainte peur des évêques des années 60-70 face au syndicalisme ouvrier et à l'Action catholique ouvrière). Et quelles décisions ? Les seules attendues : les mutations. Chaque fin d'année voyait son lot de prêtres mutés d'une paroisse à une autre, d'un poste à un autre. Ce qui fit dire un jour à ma mère : "*Dans ton diocèse, il y a du changement cette année !*" – "*Non,* lui répondis-je, *il y a des mutations, mais il n'y a pas de changement !*".

Et il n'y avait pas que le Conseil épiscopal. Il y avait le Conseil diocésain aux affaires économiques. Le Conseil pastoral diocésain. L'Evêque se propulsait de Conseil en Conseil. Et, en boucle, il parlait des mêmes sujets... et le schmilblic ne progressait pas...

Et pourtant des choses ont changé, mais pas par la grâce de tel ou tel Conseil. Plutôt parce qu'ici ou là, des gens, prêtres ou laïcs, se sont pris par la main, et ont entrepris d'opérer du changement quand et où cela devenait nécessaire.

Depuis cette époque, des changements ont été opérés : deux évêques se sont succédé, et la composition du Conseil épiscopal n'est plus ce qu'elle était !

10 - PAS d'EGLISE SANS PRETRES...

Un jour d'Avril 1982, au cours d'un voyage humanitaire en POLOGNE, alors en plein état de guerre, je me trouvais, avec mon frère, chez le curé du village de ses beaux-parents, un village de 2000 habitants, à 20 kilomètres de CRACOVIE.

Je demande au curé combien de villageois se rassemblent le dimanche dans son église : "*Oh ! me répond-t-il, ils ne viennent pas tous. Il n'y en a pas plus de 1700 !*"... Et il ajoute que, néanmoins, sa préoccupation majeure est d'agrandir l'église...

Pendant que nous parlions, lui et moi, mon frère voyait, sur le bureau du curé, le produit de la quête du dimanche, qu'il évalua, me dit-il quand nous fûmes sortis, à environ trois mois du salaire de son beau-père, qui était ouvrier (imaginez trois mois de SMIC à la quête dominicale d' une paroisse de banlieue en France ...!).

A cette époque, les candidats au ministère presbytéral se bousculaient à l'entrée des séminaires polonais (on installait dans le Grand Séminaire de CRACOVIE des lits superposés, et on construisait à VARSOVIE un séminaire pouvant accueillir 250 jeunes gens). Et je demandais à ce curé (qui avait une quarantaine d'années) comment il analysait le fait qu'il y ait de nombreuses vocations dans son pays, et si peu dans les pays d'Europe de l'Ouest. "*Parce que le Seigneur appelle !*", me répondit-il simplement.

Cette réponse ne me satisfaisait pas. Et pour trois raisons.

La première, c'est que je crois que le Seigneur ne tient pas compte du régime économique ou politique pour adresser à des hommes ou à des femmes l'appel à la mission.

La deuxième, c'est qu' être prêtre en POLOGNE, à cette époque comme encore aujourd'hui, mais plus pour très longtemps, c'est intégrer un corps puissant, occuper une position sociale respectée, et détenir un réel pouvoir, sur les consciences et sur les structures.

La troisième, c'est l'augmentation constante du nombre de prêtres catholiques en Afrique (300 % entre 1978 et 2000), en Amérique latine (65 %

entre 1978 et 2000), et, pour l'Europe, en Italie et en Pologne. Quant à la France, l'apogée du nombre d'ordinations de prêtres remonte à 1830, lorsque le trône avait partie liée avec l'autel, le pouvoir clérical avec le pouvoir politique. Autrement dit, là où l'exercice du ministère de prêtre est lié à une responsabilité réelle et à une respectabilité sociale, les jeunes hommes l'envisagent volontiers, et leurs parents les encouragent. Sinon, ils cherchent autre chose, ailleurs.

La crise de prêtres qui affecte la plupart des Eglises d'Europe, tient en grande partie au fait qu'être prêtre dans ces Eglises demande de trop lourds sacrifices. Sacrifice de la vie familiale, qui est la valeur première reconnue par les jeunes. Et sacrifice de la reconnaissance sociale qui, dans nos sociétés, s'obtient par la responsabilité professionnelle.

Et pourtant, en France, aujourd'hui, j'en suis convaincu, des jeunes sont appelés... Mais cet appel est assourdi, il ne parvient à celui à qui il est adressé que sous la forme d'un message codé, d'un désir imprécis de faire quelque chose de sa vie, de la donner et de se donner, de servir, de suivre un idéal... Et si personne n'aide celui qui ressent confusément cet appel à le décoder, à le déchiffrer, pour y entendre l'appel à être l'un des prêtres du peuple de Dieu, l'intéressé restera sur sa faim.

En France, aujourd'hui, j'en suis convaincu, des jeunes sont appelés ... Mais le ministère du prêtre n'apparaît pas partout comme particulièrement attrayant. Et l'Eglise, en obligeant au célibat ceux qui ont entendu et compris l'appel, empêche aujourd'hui un grand nombre d'y répondre[3]. Depuis une vingtaine d'années, dans toutes les enquêtes et dans tous les sondages d'opinion, la famille apparaît comme la valeur la plus sûre pour les jeunes, et le fait d'avoir des enfants comme un signe de réussite de sa vie personnelle. Je connais des hommes, célibataires ou veufs qui accepteraient volontiers

---

[3] *Ce qui est très important, ce n'est pas seulement la quantité de vocations, mais surtout la qualité humaine et spirituelle des candidats au sacerdoce et à la vie consacrée. Aujourd'hui, il y a des tendances qui ne sont pas positives. De plus en plus de candidats des séminaires et noviciats se montrent des enfants de leur temps : ils subissent les influences dominantes de la culture contemporaine. Ils ont des problèmes avec la liberté, la conscience, les émotions, la sexualité, la hiérarchie des valeurs et l'obéissance. Les candidates à la vie religieuse sont maintenant bien préparées intellectuellement et professionnellement. Elles sont sensibles aux besoins de la société et du monde contemporain. Mais, de plus en plus, elles sont accablées de faiblesses et de blessures par la culture de notre temps.(Stefan Regmunt - évêque délégué de la Conférence épiscopale polonaise pour la pastorale des vocations).*

l'exercice du ministère de prêtre, s'il leur était possible de concilier l'exercice de leur vie professionnelle avec un ministère presbytéral qui serait autre que celui que j'exerce depuis des années. Quant aux femmes ...

Et les diacres ? me demanderez-vous. La réponse est simple et claire : Les évêques réunis en Concile entre 1962 et 1965 n'ont pas décidé de rétablir le diaconat permanent pour pallier la pénurie des prêtres. Ils ont désiré des diacres afin de signifier aux communautés chrétiennes qu'elles sont au service du monde, et notamment des plus pauvres d'entre les hommes. Pas pour être des prêtres de second ordre.

En France, aujourd'hui, j'en suis convaincu, des jeunes sont appelés ... Mais tant qu'on n'aura pas modifié, et les conditions d'appel, et les conditions d'accession au ministère presbytéral, et le mode d'exercice de ce ministère, il sera impossible de trouver les prêtres dont le Peuple de Dieu a besoin. Ou plutôt on ne trouvera que des gens d'exception, capables du plus haut sacrifice; et d'autres qui, après quelque temps de ministère, s'avouant à eux-mêmes qu'ils auront fait fausse route, le quitteront. Les futurs prêtres, qui seront appelés par les Communautés chrétiennes, devront avoir le choix entre le célibat et le mariage, entre la vie professionnelle à temps partiel et l'exercice du ministère à plein temps. Quand cela sera-t-il possible ? Je n'en sais rien; mais je sais que plus la crise s'approfondit, plus l'urgence d'appeler des prêtres s'impose, et plus le moment s'approche. Les croyants, parce que baptisés, ont droit à vivre de la vie du Christ par la Réconciliation et l'Eucharistie, et à être soutenus dans leurs engagements. Les responsables de l'Eglise ont le devoir de leur donner des prêtres. On ne peut pas tenir deux discours contradictoires : affirmer d'un côté qu'il n'y a pas d'Eglise sans Eucharistie et sans prêtres; et d'un autre côté, refuser de prendre les solutions propres à donner des prêtres à cette Eglise afin que l'Eucharistie y soit célébrée.

11 - Foi, Église et religion
(Extrait du "Journal" du Père Alexandre SCHMEMANN -15 mars 1977)
avec l'aimable autorisation des Editions des Syrtes

Alexandre SCHMEMANN, prêtre orthodoxe (né le 13 septembre 1921 à Revel en Estonie, mort le 13 décembre 1983 à Crestwood, NY, États-Unis) est l'un des plus importants théologiens orthodoxes du XX° siècle.

Dans le New York Times du dimanche il y a un article concernant la baisse de la fréquentation à l'église et le déclin de la foi, le rejet des dogmes, de toute doctrine. Un jeune catholique dit : "*Je ne vois pas en quoi l'acceptation d'un quelconque dogme peut changer quoi que ce soit dans la vision de ma vie*". Ceci me fait penser au succès de la religiosité subjective. La foi diminue, la religion en sort plus forte. J'ai bien peur que la foi a commencé à décliner fondamentalement il y a déjà longtemps. Les Églises se sont tenues ensemble les derniers siècles non par la foi, mais par la religion, pour autant que la religion réponde socialement à quelque chose dans la culture, dans la société etc. et aussi pour autant que la liberté et la sécularisation ne pénétraient pas l'épaisseur de la conscience et de la civilisation du monde. C'est maintenant arrivé et la première victime est l'Église. Le protestantisme fut la dé-ecclésialisation de l'Église sinon son commencement en tout cas. L'Église [catholique] d'après Vatican II penche maintenant vers le protestantisme (déni d'autorité, du concept d'hérésie, d'objectivité). L'orthodoxie tient en s'accrochant à l'Église comme une société naturelle – ethnique, nationale etc.

Le fondement de l'Église est la foi. La foi donne éternellement naissance à l'Église et l'épanouit, et la foi voit l'Église comme "la garantie des biens que l'on espère, la preuve des réalités qu'on ne voit pas..." (Hébreux 11, 1). L'Église est nécessaire comme le sacrement du siècle à venir. La religion a besoin d'un temple, l'Église pas. L'origine du temple est la religion. Dans l'Évangile, nous trouvons : "Je détruirai ce temple...". L'Église a une origine chrétienne. Notre Église s'est identifiée cependant depuis longtemps avec le "temple", s'est dissoute dans le temple, et elle est retournée au temple païen comme sa sanction religieuse. Le protestantisme fut une tentative de sauver la foi, de la purifier de la réduction à la religion. Mais les protestants ont payé un lourd tribut pour avoir renié l'eschatologie et l'avoir remplacée par un salut personnel et individuel ; et à cause de cela, d'avoir essentiellement renié l'Église. Le plus grand anachronisme au plan naturel s'est rencontré dans l'Église catholique. Le catholicisme n'était possible que pour autant qu'on était capable de nier et de limiter la liberté de la personne, le dogme fondamental des temps nouveaux. En essayant de changer son cours, d'émerger avec la liberté, le catholicisme s'est tout simplement effondré et je ne vois pas comment son renouveau serait possible (à moins que le fascisme ne puisse s'approprier la race humaine et rejeter la synthèse explosive de liberté et de la personne).

Je voudrais définir la foi avec davantage de précision. L'Église et la liberté. Ils disent : *"Liberté pour chacun d'avoir sa propre vérité.. "*. Bien. Qu'il en soit ainsi : la coercition religieuse de sa conscience est de fait la pire chose qui puisse arriver. Ils disent : Acceptez la foi de l'Église (l'autorité de l'Église etc.). Non, ce n'est pas cela, pas ainsi. Lorsque je dis que la foi donne naissance à l'Église, je parle de l'ontologie de la foi, parce que la foi et l'Église ne sont pas deux réalités différentes, avec l'une la gardienne de l'autre. Non. La foi consiste à posséder le Royaume, la garantie des biens que l'on espère, la preuve des réalités qu'on ne voit pas. Cette possession est l'Église en tant que sacrement, comme unité, vie nouvelle. L'Église est la présence de ce qu'on espère et qu'on ne voit pas encore. Par conséquent, parler d'une certaine liberté de foi à l'intérieur de l'Église est aussi dépourvu de sens que de parler de liberté dans une table de multiplication. L'acceptation du Royaume est le fruit de la liberté, son accomplissement et son couronnement. En ce sens, en tant qu'acceptation constante, continuellement renouvelée, la foi est liberté, la seule vraie liberté, et comme telle l'Église doit être l'épanouissement de la foi...

... La tragédie de l'éducation théologique se trouve dans le fait que les jeunes qui demandent le sacerdoce – consciemment ou pas – cherchent cette séparation, ce pouvoir, cette élévation au-dessus des laïcs. Leur soif est fortifiée et engendrée par tout le système de l'éducation théologique et du cléricalisme. Comment peut-on leur faire comprendre, non seulement dans leur tête mais dans tout leur être qu'on doit fuir le pouvoir, tout pouvoir, que c'est toujours une tentation, toujours du diable ? Le Christ nous a libérés de ce pouvoir – "Tout pouvoir m'a été donné au ciel et sur la terre..." (Matthieu 28, 18) – en révélant la Lumière du pouvoir comme puissance d'amour, d'offrande sacrificielle de soi-même. La Christ a donné à l'Église, non du "pouvoir", mais l'Esprit Saint : "Recevez l'Esprit Saint..." . Dans le Christ, le pouvoir est retourné à Dieu, et l'homme a été guéri de gouverner et de commander. Dans ma soixante et unième année de ma vie, je me pose la question : Comment est-ce que tout en est arrivé à être dénaturé à ce point ? Et j'attrape peur !

12 - Qu'est-il donc arrivé à l'Eglise en France ?

Telle est la question que se pose n'importe qui, croyant ou non, entrant dans n'importe quelle église, n'importe quel dimanche de l'année.

Tout d'abord, avant d'entrer, s'il jette un coup d'œil sur le tableau d'affichage, il remarque que cette église fait partie d'une paroisse qui regroupe plusieurs églises, c'est-à-dire plusieurs anciennes paroisses : deux, trois, quatre ou cinq, s'il s'agit d'une grande ville; de douze à vingt-quatre, voire davantage, s'il s'agit d'un territoire rural.

Sur ce même tableau d'affichage, il remarque que, dans cette église particulière, comme dans chacune des autres en zone urbaine, n'est célébrée qu'une seule messe dominicale (samedi soir ou dimanche), parfois deux. Quant aux églises en zone rurale, il remarque que, si la messe est célébrée chaque dimanche dans l'église principale, les autres églises ne sont utilisées qu'à tour de rôle, selon une périodicité établie par le curé, ou pas utilisées du tout.

Et, toujours sur ce même tableau d'affichage, il pourra prendre connaissance des jours et heures de permanence, soit d'un prêtre, soit d'un animateur laïc, au presbytère, ou dans un local paroissial. Heureux est-il si cet horaire lui convient, sinon il lui restera à téléphoner.

C'est alors que, s'il compose le numéro de téléphone de sa paroisse - à condition qu'il sache quelle est sa paroisse, ce qui n'est pas évident pour quiconque n'est pas au fait des nouvelles paroisses - il aura droit, au mieux, à une boîte vocale qui lui conseillera de laisser un message. A moins que le téléphone ne continue d'appeler dans le vide, et que, dépité, il ne raccroche.

Il lui restera alors à prendre contact avec un ami qu'il sait en relation avec la paroisse, afin que celui-ci intervienne, et lui obtienne le rendez-vous demandé, ou la réponse à la question qu'il désirait poser.

Comment expliquer cet état de fait, et depuis quand existe-t-il ?

Rappel statistique

Revenons sur quelques-uns des chiffres évoqués au début de ce "patchwork". Je ne m'intéresse ici qu'à ceux qui concernent la France.

POPULATION	Nombre de prêtres	Ordinations de prêtres
1877 : 37.314.360	1877 : 56.143	1877 : 1.580
1960 : 45.500.000	1950 : 42.000	1960 : 565
2014 : 65.821.000	2011 : 13.822	2013 : 92
Différence 1877/2014 28.506.640 **+ 76 %**	Différence 1877/2014 : 42.321 **- 75 %**	Différence 1877/2014: 1.488 **- 94%**

Pratiquants réguliers	Naissances	Baptêmes
1960 : 25 %	1950 : 862.300	1950 : 80 %
2012 : 3 %	2013 : 810.000	2010 : 37 %
Différence : - 22%	**Différence : - 6%**	**Différence : - 43%**

J'ai choisi comme point de référence, d'abord l'année 1877, qui représente le sommet de la courbe, puis, soit l'année 1950, soit l'année 1960, selon les statistiques auxquelles j'ai eu accès.

Et je note en tout premier, parce que les chiffres explosent aux yeux, ceux qui concernent les prêtres, soit leur nombre total, soit le nombre annuel des ordinations :
- une chute de 67 % du nombre des prêtres en 60 années (1950 – 2011)
- une chute de 83 % du nombre des ordinations de prêtres diocésains ! Et, aujourd'hui, plus de la moitié des prêtres a plus de 70 ans !

Je me souviens que, dans les années 1970, un ami m'avait dit avoir lu dans une revue qu'en l'an 2000 il n'y aurait plus que 16 % de pratiquants réguliers ! L'an 2000 est passé, et la pratique régulière est tombée bien en-dessous des 16 % pronostiqués, passant de 25 % à 3 %.

Quelle explication ?

Mai 1968 ?

La première explication qui vient à l'esprit, c'est : Mai 1968. Je ne le pense pas, car pour moi, ces "événements" sont davantage la conclusion d'un processus que le début de quelque chose.

Je situe l'origine de cette crise au moment de la deuxième guerre mondiale, et surtout pendant toute la période qui l'a suivie. Je ne dirai rien des lois votées par Vichy en faveur de l'Eglise catholique, mais je pense qu'elles ont marqué un certain nombre des chrétiens d'alors, scandalisés de voir des hommes d'Eglise collaborer avec les hommes d'un Régime qui, lui-même, collaborait avec l'occupant-ennemi.

De 1945 à 1960, les Français ont vécu une intense période de reconstruction de leur pays. Ils ont senti un immense souffle de renouveau, non seulement économique, mais aussi littéraire et philosophique (Sartre, Camus, Gide, Mauriac, Domenach, Foucauld, Derrida, Levi-Strauss...), scientifique et théologique (De Lubac, Chenu, Congar, Theillard de Chardin, Rahner, Bouyer, Cullmann ...) sans parler du cinéma (Renoir, Ophuls, Duvivier, Cayatte, Christian Jacque, Autant-Lara...), de la poésie (Aragon, Jacques Prévert, Francis Ponge, Paul Eluard, Saint John Perse...), de l'architecture (Le Corbusier, Pouillon, Perret, ...), de la peinture (Matisse, Chagall, Fernand Léger, Rouault...), et de la musique (Messiaen, Langlais, Litaize, Dupré, Duruflé, Xenakis, Milhaud, Boulez...), et n'oublions pas la chanson avec ses quatre B (Béard, Brassens, Becaud et Brel).

Durant cette même période, les mouvements d'Action catholiques prospéraient (A.C.O – A.C.I – J.O.C...). De nouveaux mouvements de spiritualité voyaient le jour (Equipes Notre Dame, Vie nouvelle...), sans oublier cet immense Mouvement liturgique, qui saisit toutes les paroisses et les églises de France dans les années 1950-1970.

Il ne faut pas oublier que, depuis des siècles, et jusqu'à ces années qui précédèrent Mai 1968, l'Eglise exerçait un pouvoir considérable sur les consciences par la peur du péché mortel, qui pouvait mener au purgatoire et en enfer après la mort, mais qu'on pouvait éviter par la confession de ses péchés à un prêtre[4], et que "l'assistance" à la messe dominicale était obligatoire, sous peine de péché :

---

[4] Cf. Jean DELUMEAU – Le péché et la peur – La culpabilisation en Occident XIII°-XVIII° siècles – FAYARD 1977

Les dimanches messe ouïras
Et les fêtes pareillement

Tous tes péchés confesseras
A tout le moins une fois l'an

Le Concile Vatican II

Dans l'Eglise catholique, tout culmina avec l'annonce, le 25 janvier 1959, de la convocation d'un Concile œcuménique par le pape Jean XXIII. Annonce qui suscita chez tous les prêtres jeunes, et chez un grand nombre de catholiques, une immense bouffée d'espoir.

Jean XXIII ouvrit le Concile le 11 octobre 1962, et Paul VI le clôtura le 8 décembre 1965.

Les décrets de ce Concile furent accueillis plutôt favorablement, par un grand nombre de catholiques. Beaucoup les lurent et les intégrèrent. Mais d'autres ne les lurent qu'en diagonale, et les interprétèrent plus ou moins bien, ne retenant que ce qui leur convenait. Ce qui donna lieu ici ou là, notamment en matière de Liturgie, à quelques innovations hasardeuses, à une débauche de cantiques dans lesquels on cherchait en vain le moindre inspiration poétique ou théologique, et à des prières eucharistiques qui n'étaient que l'auto-célébration de la communauté. Et on sentit poindre en réponse, dès les années 65-70, sans bien en mesurer l'ampleur, un mouvement de résistance qui, s'amplifia régulièrement.

C'est alors qu' éclatèrent "les événements" de Mai 1968, psychodrame collectif de la contestation généralisée, et de la remise en cause de l'ordre établi... qui se terminèrent pas une gigantesque manifestation, le 30 mai, sur les Champs Elysées, qui rassembla tous ceux qui avaient eu peur de la Jeunesse et de la "chienlit".

Puis, peu à peu le pouvoir politique reprit la main. Et les choses, toujours peu à peu, rentrèrent dans l'ordre.

La contestation avait touché l'Eglise. Des chrétiens voulaient des changements profonds. D'autres refusaient qu'on touche à quoi que ce soit. D'où conflits, réunions houleuses, voire tumultueuses... excommunications des uns par les autres, et des autres par les uns. Mais tous avaient respiré ce parfum de liberté et de remise en cause de l'autorité. Et se libérèrent d'un seul coup de la culpabilité, de la confession et de la messe dominicale.

L' encyclique "Humanae vitae"

Mais on se rappelle surtout le 25 juillet 1968, date de la publication de l'encyclique "Humanae vitae" par le Pape Paul VI, dont deux paragraphes furent reçus comme une douche froide par des millions de catholiques dans le monde, et singulièrement en France :

Dans le devoir qui leur incombe de transmettre la vie et d'être des éducateurs... les époux se formeront un jugement droit :... c'est à eux, en effet, en dernier ressort de l'arrêter devant Dieu. Qu'ils sachent bien que, dans leur manière d'agir, ils ne peuvent pas se conduire à leur guise, mais doivent suivre leur conscience, une conscience qui se conforme à la loi divine, et qu'ils demeurent dociles au magistère de l'Eglise, interprète autorisé de cette loi à la lumière de l'Evangile.
En ce qui concerne la régulation des naissances, il n'est pas permis aux enfants de l'Eglise, fidèles à ces principes, d'emprunter des voies que le magistère, dans l'explicitation de la loi divine, désapprouve.

Ce qui signifiait, en clair : vous devez suivre votre conscience, mais vous devez surtout obéir à la Loi de l'Eglise.

C'est alors qu'un nombre considérable de catholiques convaincus, pratiquants réguliers, quittèrent l'Eglise "sur la pointe des pieds". On ne les revit plus jamais. Eux qui attendaient de l'Eglise des encouragements et non des interdits, lui refusaient le droit de leur autoriser ou de leur interdire quoi que ce soit dans leur vie intime ou de couple.

C'est alors aussi, pas forcément pour les mêmes raisons, qu'un certain nombre de prêtres décidèrent de quitter le ministère, et un certain nombre de séminaristes de quitter le Séminaire. Et le nombre des ordinations chuta brutalement de 461 en 1968, à 193 en 1972 !

Le basculement du monde

Dans ces mêmes années survint, à la suite de la guerre du Kippour, le premier choc pétrolier de 1973. Le prix du litre d'essence passait de 1 franc 16 en 1971 à 1 franc 69 en 1973 (soit une augmentation de 31 % en deux années...). Deux autres suivirent, en 1979 et en 2008.

Mais, malgré quelques alertes, comme le rapport du M.I.T, sous l'égide du Club de Rome en 1972 ("Halte à la croissance ? "), on ne voulut rien voir. On était à la fin des "trente glorieuses" (1945-1975), ces années d'un progrès que l'on croyait asymptotique, que bon nombre de chrétiens confondirent avec le Royaume de Dieu, et pendant lesquelles on construisit des centaines d'églises dans les banlieues des villes, où affluait une population venue des campagnes... juste au moment où il n'aurait pas fallu les construire !

Car le monde venait de basculer. On allait passer, insensiblement, d'une période de croissance à une période de récession, d'une période d'ouverture à une autre de repli sur soi. Le mot "crise" entrait dans le vocabulaire des Français, pour n'en plus sortir jusqu'aujourd'hui. Crise non seulement économique et financière, mais aussi sociale, morale, philosophique, et donc religieuse. Non seulement le monde changeait, mais on changeait de monde. L'illusion lyrique (Lamartine en 1830) était terminée.

Jean-Paul II

Le 16 octobre 1978, les cardinaux réunis en Conclave élurent Karol WOJTYLA pape, sous le nom de Jean-Paul II. Ce jour-là, connaissant bien l'Eglise polonaise, je me souviens m'être dit : *Ce sera intéressant de voir comment un polonais changera ses lunettes pour considérer l'Eglise telle qu'elle est !...* Malheureux de moi ! Il ne fallut pas deux années pour qu'il nous impose ses lunettes polonaises pour regarder l'Eglise !

La mission qu'il se donna en accédant à la tête de l'Église catholique était double : restaurer une Église ébranlée par le Concile Vatican II (qu'il avait vécu de l'intérieur, et dont il avait vu les excès dans l'interprétation), et renforcer la présence de l'Eglise dans la société pour qu'elle puisse réaliser sa tâche d'évangélisation.

Si je porte, au terme, un regard rétrospectif, je constate que son action à l'extérieur de l'Eglise (voyages à l'étranger, chute du Bloc communiste, Œcuménisme, rapprochement avec le Judaïsme) fut très positive, et son action à l'intérieur de l'Eglise plus mitigée.

Et surtout, je constate que la fuite des chrétiens hors des églises continua pendant les vingt-sept années de son pontificat, et les huit années de celui de son successeur Benoît XVI.

Les "affaires" de Pédophilie

Enfin, il faut ajouter à ces diverses causes de départ de l'Eglise, la dernière en date : le scandale des prêtres pédophiles, qui éclata en 2002, dans le diocèse de BOSTON, aux Etats-Unis, et qui déclencha une avalanche d'affaires similaires, un peu partout dans le monde. On apprendra par la suite que, durant les années 2011 et 2012, Benoît XVI réduisit à l'état laïc près de 400 prêtres pour abus sexuels, à leur propre demande ou par la volonté du Saint-Siège. C'est plus que sur la période 2008-2009 où 171 prêtres avaient été renvoyés.

"En 2010, l'Église catholique américaine assurait avoir payé plus de 2,7 milliards de dollars en dédommagement des victimes pour des affaires remontant aux années 1950. Le paroxysme a été atteint au cours des décennies 60 et 70, mais il a fallu attendre la fin des années 1990 pour que ces scandales voient publiquement le jour. Ultime exemple, le diocèse de Milwaukee, dans le Wisconsin, s'est déclaré en faillite le 4 janvier dernier parce qu'il a dû payer 29 millions de dollars pour dédommager les victimes depuis vingt ans !" (Le Figaro – (08/02/2012)

Ce phénomène, tout en restant statistiquement marginal dans l'Eglise de France, fera néanmoins l'objet de nombreux articles de presse et de multiples émissions de radio et de télévision (sans parler des vidéos sur les réseaux sociaux), qui accentueront le discrédit et sur l'Eglise et sur le ministère du prêtre.

13 - S'OUVRIR AUX "PAIENS" ?... (Actes des Apôtres 6, 1-7)

L' histoire

En ces jours-là, comme le nombre des disciples augmentait, les frères de langue grecque récriminèrent contre ceux de langue hébraïque : ils trouvaient que, dans les secours distribués quotidiennement, les veuves de leur groupe étaient désavantagées.
Les Douze convoquèrent alors l'assemblée des disciples et ils leur dirent : « Il n'est pas normal que nous délaissions la parole de Dieu pour le service des repas. Cherchez plutôt, frères, sept d'entre vous, qui soient des hommes estimés de tous, remplis d'Esprit Saint et de sagesse, et nous leur confierons cette tâche. Pour notre part, nous resterons fidèles à la prière et au service de la Parole. ». La proposition plut à tout le monde, et l'on choisit : Étienne, homme rempli de foi et d'Esprit Saint, Philippe, Procore, Nicanor, Timon, Parménas et Nicolas, un païen originaire d'Antioche converti au judaïsme. On les présenta aux Apôtres, et ceux-ci, après avoir prié, leur imposèrent les mains.
La parole du Seigneur était féconde, le nombre des disciples se multipliait fortement à Jérusalem, et une grande foule de prêtres juifs accueillaient la foi.

Le contexte : une crise grave

Que faire lorsqu'un groupe humain organisé devient trop nombreux ? Comment exercer l'autorité sur ce groupe surtout lorsqu'il est constitué d'hommes et de femmes porteurs de cultures différentes et parlant des langues différentes ?

Dans les années qui suivirent immédiatement la mort-résurrection de Jésus, la toute nouvelle communauté chrétienne de Jérusalem, formée de ceux qui acceptaient avec enthousiasme le message du Christ transmis par les Douze, se trouva affrontée à ces deux questions. D'abord parce que ce message avait un impact certain sur une foule de gens pauvres, mais surtout parce que cette toute nouvelle communauté réunissait d'anciens frères ennemis : des Juifs parlant araméen ou hébreu avec des Juifs parlant le grec, et des Samaritains, certes parlant hébreu, mais venus d'une autre culture religieuse. Les Douze, quant à eux, étaient divers, mais les années passées avec Jésus, les avaient soudés, et leur avaient donné une culture commune.

La chaleur et la ferveur des adeptes de la communauté ralliait chaque jour de nouveaux arrivants, qui *"mettaient leurs biens en commun, et les répartissaient selon les besoins de chacun"*... mais la rumeur courut que les veuves de langue hébraïque étaient préférées aux autres parlant le grec. Et la rumeur risquait de désagréger la communauté !

Or nous savons d'expérience que cette barrière de la langue représente beaucoup plus qu'une difficulté de traduction : langue maternelle différente signifie également culture, coutumes, compréhension de l'existence, manières différentes d'envisager et de résoudre les problèmes... On n'est pas étonné que la communauté ait eu à cœur de prendre en charge les veuves, c'était une règle du monde juif ; mais il faut croire que ceux qui en étaient chargés (logiquement recrutés dans le groupe majoritaire donc hébreu) avaient tendance à favoriser les veuves de leur groupe.

Les Douze auraient pu agir d'autorité, et faire jouer ce que certains appellent aujourd'hui la "préférence nationale". Après tout Jésus était juif parlant araméen, et on aurait pu prendre argument de ce fait pour justifier la préférence accordée aux veuves de langue hébraïque. De même que, quelques années plus tard, lorsque des non-juifs, donc non-circoncis demanderont à intégrer la communauté chrétienne, on aurait pu prendre argument que Jésus était circoncis, et ne pas accepter ceux qui ne l'étaient pas... Mais une telle pratique était totalement incompatible avec le message universel du Christ. Il fallait donc trouver une autre solution !

La solution

Premier point : Les Douze convoquent tous les fidèles : et c'est en assemblée plénière que la décision sera prise ; il y a donc là, semble-t-il, un fonctionnement traditionnel de l'Eglise...qu'il faudrait peut-être retrouver, dans les moments de crise, pour que la décision ne revienne pas à un homme seul, au Diocèse ou à Rome.

Deuxième point : Les Douze rappellent l'objectif : rester fidèles à trois exigences de la vie apostolique : la prière, le service de la parole et le service des frères.

Troisième point : ils n'hésitent pas à proposer une organisation nouvelle, totalement en rupture avec le Judaïsme traditionnel. Innover n'est pas un manque de fidélité ; au contraire ; la fidélité exige de savoir s'adapter à des conditions nouvelles ; être fidèle, ce n'est pas rester figé sur le passé.. c'est bien plutôt garder les yeux fixés sur l' objectif.

Puisqu'il s'agit de cohabiter durablement, il faut s'organiser. La solution qu'ils trouvent, est la suivante : puisque nous ne pouvons pas suffire à assurer toutes les tâches, trouvez-nous des aides ; "*Cherchez, frères, sept d'entre vous, qui soient des hommes estimés de tous, remplis d'Esprit-Saint et de sagesse, et nous leur confierons cette tâche. Pour notre part, nous resterons fidèles à la prière et au service de la Parole*". Et une nouvelle organisation se met en place : Les Douze seront au service de l'ensemble de la communauté, mais on met en place sept hommes de langue et de culture grecques, qui auront plus particulièrement la responsabilité de veiller sur les veuves de langue et de culture grecque.

C'est ainsi que la crise sera surmontée. Et la première communauté va être suivie de beaucoup d'autres jusqu'aujourd'hui. L'idéal a su l'emporter sur la peur, les habitudes et les contingences.

14 - Situation de l'Eglise en France d'hier à aujourd'hui

Il y a quarante ans, avec le premier choc pétrolier et la fin des Trente Glorieuses (1945 – 1975), insensiblement, sans que nous puissions nous en rendre compte, le monde a basculé; et aujourd'hui, nous sommes dans un autre monde.

Un peu d'Histoire

Pendant des siècles d'Ancien Régime, surtout sous le règne des monarques "absolus", qui prétendaient tenir leur pouvoir de Dieu lui-même, et ne toléraient que la seule religion catholique, religion d'Etat (cujus regio, ejus religio = le peuple a la religion du Souverain), la Loi de l'Eglise et la Loi de l'Etat étaient étroitement unies.

Avec la famille, la paroisse était le cadre de base de la vie religieuse mais aussi civile. La très grande majorité des Français étaient guidés, du signe de croix qui débutait leur Baptême jusqu'au signe de croix qui concluait leurs Funérailles, par les préceptes de l'Église catholique romaine. Le prêtre catholique était un des rouages essentiels de la vie de la communauté villageoise ou de quartier. Il était à la fois conseiller dans les affaires privées et, par la confession à laquelle les fidèles étaient astreints, directeur de conscience. Cette Église jouait le rôle de service public ; elle tenait l'état civil (les registres de baptême), elle organisait la scolarisation à tous les degrés d'enseignement, elle fournissait l'assistance publique avec les hôpitaux. Chaque corps de la société avait son saint patron. La vie collective était rythmée par les fêtes religieuses catholiques. Les Français non-catholiques (les Juifs et les Protestants) étaient souvent, sinon privés de certains droits, du moins considérés comme ne faisant pas pleinement partie de la société.

A la suite des Philosophes des "Lumières" (rappelons-nous Voltaire qui, parlant de l'Eglise, déclarait : *Ecrasons l'Infâme* !) les Révolutionnaires de 1789 voulurent affaiblir le pouvoir politique, financier et moral de l'Eglise, et firent voter une "Constitution civile du Clergé". Le "Bas Clergé", dont les doléances étaient proches de celles du Tiers-état, faillit se rallier à la Révolution, mais le Haut Clergé intervint. L'Eglise de France resserra ses liens avec Rome. Et Napoléon I° conclut un Concordat qui remit l'Eglise catholique en place, bien que soumise à l'Empereur, et accorda des droits aux autres religions.

Tout changea radicalement en 1871 avec la chute de Napoléon III et l'avènement de la Troisième République, et surtout en 1905, avec le vote de la Loi de Séparation des Eglises et de l'Etat au terme de laquelle l'Eglise conservait son pouvoir moral sur ses ressortissants, mais perdait son pouvoir politique sur le Peuple avec ses propriétés. L'anti-cléricalisme put alors se donner libre cours, et le déclin s'accentua pour l'Eglise, jusqu'aujourd'hui.

Le discours de l'Eglise d'hier à aujourd'hui

Depuis des siècles, les "hommes d'Eglise", interprétant à leur manière le texte des Béatitudes (Matthieu 5, 1-11), avaient coutume de révéler le Royaume de Dieu comme un Au-delà qui comblerait les manques des hommes : "*Vous êtes pauvres et malheureux en ce monde, vous serez heureux dans le Royaume*". Aujourd'hui, nos contemporains, et nous-mêmes, désirons le bonheur pour nous-mêmes et la Justice pour tous, ici et maintenant. Et les sondages d'opinion, depuis des années, nous montrent des Français qui se disent heureux à une très large majorité.

Depuis des siècles, les "hommes d'Eglise" avaient coutume de situer l'action de Dieu dans les "trous" de la Science (ex : la Création, les phénomènes sismiques, astronomiques et atmosphériques), de considérer la Bible comme un ouvrage historique et scientifique, d'expliquer le mal, les insuffisances et les erreurs humaines par le péché inhérent à la nature humaine. Aujourd'hui, grâce aux découvertes de la météorologie, des neurosciences, de la génétique, de l'informatique, et de nombreuses autres disciplines, nos contemporains, et nous-mêmes, savons que la plupart des phénomènes qui nous touchent, et des motivations qui nous font agir, ont une explication rationnelle. Et nous savons que la pauvreté et le sous-développement ne surviennent pas par hasard et n'importe où, mais qu'on peut et qu'on doit en chercher les causes, et lutter pour qu'elles disparaissent (Jean-Paul II les nommait "structures de péché").

Pendant des siècles, le catéchisme a été obligatoire, dans les écoles d'abord, puis, après les Lois instituant l'Enseignement laïque et obligatoire pour tous (1881-1882), dans les locaux paroissiaux (avec exception pour les Ecoles "libres"). Et tous les enfants le suivaient. A tel point qu'on considérait presque comme déviants les enfants qui ne le suivaient pas. Aujourd'hui, ce sont les enfants qui le suivent qui pourraient être considérés comme déviants par ceux qui n'y vont pas. Mais en fait l'indifférence est telle qu'on ne les remarque pas.

Pendant des siècles, dans une France à majorité rurale, et jusque vers les années 1960 (cf. Statistiques France urbaine/France rurale), la pression sociale dans le village était si forte que le mariage à l'église paraissait normal à qui voulait être "vraiment" marié. Les couples vivant hors-mariage étaient considérés "vivant dans le péché", et leurs enfants comme les "enfants du péché". Le baptême était obligatoire dans les jours qui suivaient la naissance. Je me souviens d'une ordonnance épiscopale, autour de l'année 1950, interdisant la sonnerie des cloches lorsque le baptême était célébré au-delà d'un mois après la naissance... ! Les limites paroissiales n'avaient pas bougé depuis 1823, date du dernier remaniement important de communes.

Société et Eglise aujourd'hui

Dans une société à dominante urbaine, où tous ont le sentiment de la précarité de la vie, la pratique du mariage a changé, les unions libres se sont multipliées, et le nombre des mariages religieux a chuté considérablement. Plus de 50 % des enfants naissent hors mariage. Moins de 30 % des enfants sont baptisés à leur naissance.

L'Eglise ne peut plus assurer le maillage historique du territoire. Le nombre des paroisses a donc été revu dans tous les diocèses, en fonction du nombre de curés disponibles.

En matière de morale personnelle et sociale, nos contemporains, non seulement en France, mais dans l'ensemble des sociétés libérales, ont, pour eux et pour tous, des désirs précis et apparemment simples : liberté de pensée, d'action et d'expression, plus grande liberté des mœurs, contrôle des naissances, primat de la conscience personnelle sur la loi commune, égalité entre hommes et femmes dans tous les domaines, assouplissement de la législation sur le mariage... Il semble évident que l'Eglise ne peut pas suivre tous ces désirs; mais elle donne l'impression de camper sur ses positions, de ne pas prendre en compte ces désirs, de ne pas évoluer. C'est peut-être pourquoi nos contemporains s'en détournent.

Certes, les évêques font de gros efforts pour présenter et actualiser le message évangélique; les prêtres font ce qu'ils peuvent pour accueillir les non-croyants et les mal-croyants, les membres des autres cultes, les personnes divorcées et remariées, les personnes divorcées qui demandent un autre mariage religieux, les homosexuels des deux sexes... Mais, bloqués par Rome, les objurgations du Code de Droit canonique, les rappels à l'ordre du Pape et des dicastères du Vatican, ils ne peuvent prendre aucune initiative, pour aller jusqu'au bout de leur désir d'accueil. A quoi il faut ajouter, je l'ai dit plus haut, que si l'Eglise n'hésite pas à intervenir en matière d'éthique sexuelle, elle est beaucoup plus discrète en matière d'éthique sociale et économique.

Certes, nos contemporains trouvent le "personnel" de l'Eglise plutôt sympathique : le Pape sympathique pour sa simplicité, sa franchise, sa proximité, sa spiritualité et sa pauvreté personnelle; les prêtres en majorité sympathiques pour leurs efforts et leur proximité...

... Mais ils refusent de fréquenter une Eglise qui ne prend pas en compte leurs aspirations, dont ils ne voient pas ce qu'elle pourrait leur apporter, et qui leur propose un idéal qu'ils jugent dépassé, inatteignable et, pour tout dire, utopique. Et ils ne voient pas pourquoi ils financeraient son personnel et son fonctionnement. D'où chute du Denier de l'Eglise, et problèmes financiers graves dans certains diocèses. Seul un petit nombre de fidèles suit, en majorité issu de la classe dominante. Mais pour combien de temps encore ?

Au niveau de son Administration centrale, l'Eglise continue de fonctionner comme si elle était la "société parfaite" dont j'ai parlé dans un chapitre précédent. Comme si ceux et celles qui s'adressent à elle étaient tous des membres actifs, croyants et pratiquants. Comme si toutes et tous connaissaient le message de l'Evangile. Comme si tous les parents qui demandent le baptême pour leurs enfants étaient bien conscients de ce à quoi le baptême engage. Comme si tous les couples qui viennent pour se marier étaient aptes à s'engager dans le "sacrement" du mariage, alors que, dans la majorité des cas, l'un des deux n'est pas baptisé, ou n'a jamais communié, ou n'a pas été confirmé... et qu'ils viennent demander au représentant de l'Eglise qui les reçoit "une bénédiction de mariage"... La catéchèse est la même pour tous, comme si les 30 % d'enfants catéchisés en France étaient tous issus de familles chrétiennes, ou tous issus de familles non-chrétiennes.

Nécessité de s'ouvrir

Quand l'Eglise décidera-t-elle de s'ouvrir aux "païens" ? Quand tous ceux qui ont mission de proclamer le message de Jésus Christ, retrouveront-ils l'enthousiasme des premières générations ? Car ce message est enthousiasmant :

En marche les pauvres de cœur : le Royaume des cieux est à eux !
En marche les doux : ils obtiendront la terre promise !
En marche ceux qui pleurent : ils seront consolés !
En marche ceux qui ont faim et soif de la justice : ils seront rassasiés !
En marche les miséricordieux : ils obtiendront miséricorde !

En marche les cœurs purs : ils verront Dieu !
En marche les artisans de paix : ils seront appelés fils de Dieu !
En marche ceux qui sont persécutés pour la justice :
le Royaume des cieux est à eux !
(Matthieu 5,3-10 – traduction André CHOURAQUI)

J'attends des prédicateurs enthousiastes et encourageants, et des homélies qui ne soient pas des leçons de morale; Jésus n'a jamais fait de morale...
J'attends des célébrations qui rendent grâces à l'Esprit du Seigneur présent dans notre monde...
J'attends de la musique, des chants, de la poésie, de la beauté...
J'attends des sacrements qui signifient...
J'attends des témoins de la Bonne Nouvelle...
J'attends des chrétiens présents à la vie des hommes et du monde...
J'attends des croyants ouverts à l'imprévu, et non pas nostalgiques du passé...
J'attends qu'on redécouvre la foi...
J'attends qu'on laisse les morts enterrer leurs morts...
J'attends des chrétiens heureux...

Annexe 1 : Les Eglises évangéliques

Le fait est là, massif : Partout dans le monde, les Eglises évangéliques, issues du Protestantisme pentecôtiste, sont en plein essor. Faut-il s'en lamenter ou s'en réjouir ? Je ne suis pas assez documenté sur les diverses causes de ce développement, mais il est là. Ce qui suit, extrait d' un article du journal "Le Monde", du 2 février 2012, est non seulement une information, mais surtout une invitation à approfondir la recherche et le dialogue.

"Un dimanche matin, les 260 chaises de cette Eglise évangélique située en plein PARIS sont quasiment toutes occupées. En quatre ans, son nombre de fidèles a doublé, la fréquence des cultes le dimanche a triplé. Aujourd'hui, ils se succèdent à 9 h 45, 11 h 15 et 14 heures.

Au lendemain de la seconde guerre mondiale, cette branche du protestantisme comptait 50.000 fidèles. Aujourd'hui, 600.000 Français pratiquent cette religion,*"avec les non-pratiquants qui se définissent comme évangéliques, on dénombre au total 700.000 personnes"*, estime un chercheur au CNRS, spécialiste du protestantisme évangélique. Ils représentent aujourd'hui un tiers des protestants Français et plus de la moitié de ses membres pratiquants, selon Jean-Paul Willaime, professeur à l'Ecole pratique des hautes études à Paris et spécialiste du protestantisme.

Les églises évangéliques reposent sur le don des fidèles, qui donnent davantage que dans d'autres églises. Un jeune membre, ingénieur informaticien de 25 ans, affirme ainsi laisser 10 % de son salaire quand il le peut. Le principal prédicateur de l'église, insiste sur la transparence des comptes,*"consultables dans le* Journal officiel. *Le budget s'élevait à 270.000 euros pour 2011 et je touche 2.300 euros nets par mois, les* [trois] *autres pasteurs également"*.

Les Eglises évangéliques dans le monde

Selon Sébastien Fath, chercheur au CNRS, les évangéliques représentent environ un quart du christianisme mondial (toutes confessions confondues) : en terme de pratique régulière, ce taux est même sensiblement supérieur. A l'heure actuelle, on estime qu'ils sont un peu plus de 500 millions dans le monde (sur 2 milliards de chrétiens) :

CONTINENT ASIATIQUE : environ 160 millions

CONTINENT AFRICAIN :	environ 140 millions
CONTINENT SUD-AMERICAIN (AMERIQUE LATINE + CARAÏBES) :	environ 90 millions
CONTINENT NORD-AMERICAIN :	environ 90 millions
CONTINENT EUROPEEN :	environ 20 millions
OCEANIE :	environ 6 millions

En France métropolitaine

D'après "Les Églises protestantes évangéliques en France - Situation 2010 - Édité par le Conseil National des Évangéliques de France (CNEF)

Sur un total de 1 700 000 protestants en France métropolitaine, 600 000 sont des pratiquants réguliers de tout âge.

Sur 600 000 pratiquants réguliers, 460 000 se réclament du protestantisme évangélique et 140 000 de la branche luthéro-réformée.

Les protestants évangéliques représentent 1/3 du protestantisme en général, mais 3/4 des pratiquants réguliers.

Le nombre des protestants évangéliques a été multiplié par 9 ces soixante dernières années (en 1950 = 50 000 pratiquants réguliers).

Il y a 2 308 Églises locales structurées ou paroisses, proposant au moins trois cultes par mois en week-end (en 1970, il y en avait 769) ainsi qu'environ 500 lieux de cultes épisodiques.

Une nouvelle Église locale naît tous les 10 jours, soit environ 35 nouvelles Églises supplémentaires par an.

Dans les DOM-TOM

Les protestants évangéliques dans les DOM-TOM représentent 70 000 à 100 000 pratiquants réguliers au sein d'au moins 240 Églises locales.

Le cas du BRESIL

D' après "Perspectives Monde" – 18 janvier 2011

"Aujourd'hui, les Églises protestantes évangéliques se sont particulièrement implantées au cœur des bidonvilles et des quartiers pauvres du continent. D'ailleurs, on dénombrerait au Brésil la perte de près d'un quart des fidèles de l'Église catholique au profit de l'Église universelle du règne de Dieu (EURD) qui compterait 5 millions de fidèles et de 6 à 8 millions dans le monde. Les évangéliques y sont passés de 15% en 2000 à 22 % en 2010. On peut donc dire que la tendance en Amérique latine est à la hausse chez les protestants évangéliques qui bénéficient d'un transfert important des fidèles quittant l'Église catholique. D'ailleurs, le phénomène, qui prend de plus en plus d'ampleur dans la région, commence à inquiéter Rome".

Lors de son voyage au Brésil pour les Journées Mondiales de la Jeunesse, le Pape François déclarait à Rio de Janeiro, le 22 juillet 2013 :

"Beaucoup (de fidèles) sont partis parce qu'on leur a promis quelque chose de plus haut, quelque chose de plus fort, quelque chose de plus rapide... Parfois, nous perdons ceux qui ne nous comprennent pas parce que nous avons oublié la simplicité... L'Église est peut-être trop éloignée de leurs besoins, peut-être trop pauvre pour répondre à leurs inquiétudes, peut-être trop froide dans leurs contacts, peut-être trop auto-référentielle, peut-être prisonnière de ses langages rigides ? Le monde semble avoir fait de l'Église comme une survivance du passé, insuffisante pour les questions nouvelles. Peut-être l'Église avait-elle des réponses pour l'enfance de l'homme mais non pour son âge adulte... Aujourd'hui, il faut une Église en mesure d'aller au-delà de la simple écoute, une Église capable de déchiffrer la nuit contenue dans la fuite de tant de frères et sœurs... L'église doit réapprendre la grammaire de la simplicité, ainsi que la vertu de l'humilité, qui est l'ADN de Dieu".

Annexe 2 – Le discours du Pape François aux évêques du CELAM

Extraits du discours prononcé le Dimanche 28 juillet 2013, à Rio de Janeiro, aux évêques membres du Comité de coordination du CELAM (Conférences épiscopales d'Amérique latine et des Caraïbes).

...Le « changement des structures » (de caduques à nouvelles) n'est pas le fruit d'une étude sur l'organisation de la structure ecclésiastique fonctionnelle, dont résulterait une réorganisation statique, mais il est une conséquence de la dynamique de la mission. Ce qui fait tomber les structures caduques, ce qui porte à changer les cœurs des chrétiens c'est précisément le fait d'être missionnaire...

... Il est nécessaire, comme pasteurs, que nous soulevions les interrogations qui font référence aux Églises que nous présidons. Ces questions servent de guide pour examiner l'état des Diocèses, et sont des questions qu'il convient que nous nous posions fréquemment comme examen de conscience.

1. Faisons-nous en sorte que notre travail et celui de nos prêtres soit plus pastoral qu'administratif ? Qui est le principal bénéficiaire du travail ecclésial, l'Église comme organisation ou le Peuple de Dieu dans sa totalité ?

2. Dépassons-nous la tentation d'accorder une attention réactive aux problèmes complexes qui surgissent aujourd'hui ? Créons-nous une habitude pro-active ? Promouvons-nous des lieux et des occasions pour manifester la miséricorde de Dieu ? Sommes-nous conscients de la responsabilité de reconsidérer les activités pastorales et le fonctionnement des structures ecclésiales, en cherchant le bien des fidèles et de la société ?

3. Dans la pratique, rendons-nous participants de la Mission du Christ les fidèles laïcs ? Offrons-nous la Parole de Dieu et les sacrements avec la claire conscience et la conviction que l'Esprit se manifeste en eux ?

4. Le discernement pastoral est-il un critère habituel, en nous servant des Conseils diocésains ? Ces Conseils et les Conseils paroissiaux de Pastorale et des Affaires économiques sont-ils des lieux réels pour la participation des laïcs dans la consultation, l'organisation et la planification pastorales ? Le bon fonctionnement des Conseils est déterminant. Je crois que nous sommes très en retard en cela.

5. Nous, Pasteurs, Évêques et Prêtres, avons-nous la conscience et la conviction de la mission des fidèles et leur donnons-nous la liberté pour qu'ils discernent, conformément à leur chemin de disciples, la mission que le Seigneur leur confie ? Les soutenons-nous et les accompagnons-nous, en dépassant toute tentation de manipulation ou de soumission indue ? Sommes-nous toujours ouverts à nous laisser interpeller dans la recherche du bien de l'Église et de sa Mission dans le monde ?

6. Les agents pastoraux et les fidèles en général se sentent-ils partie de l'Église, s'identifient-ils avec elle et la rendent-ils proche aux baptisés distants et éloignés ? Comme on peut le comprendre, ici sont en jeu des attitudes. La conversion pastorale concerne principalement les attitudes et une réforme de vie. Un changement d'attitude est forcément dynamique : "on entre dans un processus" et on peut seulement le canaliser en l'accompagnant et en discernant. Il est important d'avoir toujours présent à l'esprit que la boussole pour ne pas se perdre sur ce chemin est celle de l'identité catholique comprise comme appartenance ecclésiale…

… Il est bon de rappeler la parole du Concile Vatican II : Les joies et les espérances, les tristesses et les angoisses des hommes de notre temps, surtout des pauvres et de ceux qui souffrent, sont à leur tour, joies et espérances, tristesses et angoisses des disciples du Christ (cf. Constitution conciliaire Gaudium et spes)…

… L'Église est institution, mais quand elle s'érige en "centre", elle tombe dans le fonctionnalisme et, peu à peu, elle se transforme en une ONG. L'Église prétend alors avoir sa propre lumière et cesse d'être ce "mysterium lunae" dont nous parlent les saints Pères (de l'Église). Elle devient de plus en plus autoréférentielle et sa nécessité d'être missionnaire s'affaiblit. D'"Institution" elle se transforme en "œuvre". Elle cesse d'être Épouse et finit par être Administratrice; de Servante elle se transforme en "Contrôleuse". L'Église se veut Épouse, Mère, Servante, Église qui facilite la foi et non pas Église qui la contrôle.

QUELQUES FIGURES

Les noces d'or d'Edouard
(Extrait de son journal)

Mon ami Edouard écrivait :

Un certain 29 juin, il y a longtemps (quoique... !) à 11 heures, j'ai accepté de prendre l'Eglise comme elle était. Et elle a accepté de me prendre comme j'étais.

Je n'étais pas le plus beau, ni le plus intelligent, ni le plus diplômé, ni le plus mystique des candidats au ministère. J'étais déjà un peu de ce que je suis aujourd'hui. Je me suis amélioré sur certains points. D'autres travers se sont certainement aggravés au fil des ans.

L'Eglise, pour moi, était un bon parti. Pourquoi ? Parce qu'elle me semblait en voie de rajeunissement, "d'aggiornamento", disait le Pape Jean XXIII. Un certain nombre de gens tournaient leur regard vers elle, lorsqu'ils la voyaient passer. Et c'est flatteur pour un époux de se dire qu'il a fait le bon choix...

Ce ne fut pas un mariage d'amour. Ce ne fut pas non plus un simple mariage de raison. Plutôt l'union de deux désirs, de deux intérêts ou de deux projets. Pour réaliser mon idéal de vie, je l'unissais au Christ dans l'Eglise. Quant à l'Eglise, pour réaliser sa mission de faire connaître le message du Christ, elle avait besoin de moi.

Nous nous sommes mutuellement promis fidélité.

Pendant les dix premières années, il n'y eut guère de problèmes. Le monde, autour de nous, semblait s'éveiller. Nous étions en plein dans les "trente glorieuses". Des pistes s'ouvraient. Des chantiers se créaient. Ensemble, nous fîmes des tas de choses ! Nouvelles. Enthousiasmantes. Missionnaires.

Puis peu à peu, dans les années 1970, le monde entra dans une nouvelle ère, celle de la "contestation". Tout était remis en cause, la politique, l'économie, l'entreprise, l'école, la foi, la famille, la sexualité. C'est alors que je sentis mon Eglise saisie par la peur. Elle devenait intransigeante. Elle se sentait agressée, mise en cause. Elle prit un sérieux coup de vieux ! On ne se retournait plus sur elle. Je comprenais ces remises en cause. Mais je n'approuvais pas sa peur et son repli sur soi. Elle avait des réactions de vieille ! C'est à cette époque qu'un certain nombre de mes amis se détournèrent franchement d'elle... et, par voie de conséquence, de moi. Cela me faisait mal.

Ensuite, vint une période où, tout en restant apparemment fidèles l'un à l'autre, le torchon brûla entre nous. Je ne sais pas si elle souffrit jamais à cause de moi, mais je puis assurer que je souffris à cause d'elle, et, qu'à cause de moi, d'autres souffrirent !

J'avais alors une impression bizarre : je désirais lui garder ma fidélité, mais je sentais très bien qu'elle était toute disposée à me voir quitter le foyer conjugal, si tel était mon désir, et qu'elle ne ferait rien pour me retenir.

Dans les années 85-95, elle entreprit de m'entraîner vers de nouveaux horizons, qui me semblaient quelquefois des horizons anciens remis au goût du jour. Par fidélité, j'acceptai de la suivre.

Les années ont passé. Nous vieillissons ensemble, comme beaucoup de couples. Ce n'était pas le grand amour au départ, ce ne l'est toujours pas. Mais je reste attaché au Christ par cette Eglise, malgré tout. Je ne distingue plus quels objectifs elle poursuit. Je me demande parfois si elle a gardé ses convictions de jadis. Elle sait que j'ai gardé les miennes, celles de mes vingt ans. Car sans elle, le message de l'Evangile pourrait n'être plus qu'une espèce d'idéologie. Et je ne suis pas un idéologue.

Comprenne qui pourra. Moi le premier !

Georges : perinde ac cadaver
Par obéissance jusqu'à la mort...

Georges avait 65 ans. Il était prêtre. Curé d'un gros bourg rural depuis quelques années, il y était heureux. Il avait des amis très proches, qui demeuraient à une petite vingtaine de kilomètres. Chez qui il se rendait chaque dimanche, et quelquefois même en semaine, quand il avait un coup de blues.

Un jour est arrivée une lettre de l'évêque, qu'il a ouverte un peu fébrilement, craignant d'y trouver ce qu'il redoutait. C'était le cas. L'évêque lui annonçait que "le Conseil épiscopal avait pensé à lui pour devenir curé d'un bourg industriel", proche du chef-lieu du département. Et il le convoquait pour venir s'en entretenir avec lui.

Il se rendit donc à la convocation épiscopale.

L'évêque lui expliqua qu'il serait bon pour lui de quitter le poste où il était, pour un autre avec d'autres responsabilités, où il devrait remplacer un confrère malade depuis cinq années, et qui démissionnait. Mon ami Georges lui fit valoir son âge, son attachement à son poste, à ses amis, qu'il était heureux, et ne désirait qu'une chose : rester encore quelques années. Mais l'évêque maintint sa proposition, et invita Georges à se rendre au bourg en question.

Il y alla, trouva là des laïcs qui avaient pris en main les responsabilités du curé, et qui "faisaient marcher la paroisse". Et qui ne se génèrent pas pour lui dire : "*Monsieur le Curé, on n'a pas envie de changer quoi que ce soit !*". Il partit sur l'impression qu'il ne serait pas le bienvenu.

Il écrivit à l'évêque pour lui dire qu'il refusait cette proposition de nomination.

Et l'évêque lui répondit. J'ai vu la lettre. Elle était courte. Et se terminait par cette simple phrase "*Je vous demande d'y aller, au nom de la promesse d'obéissance que vous avez faite au jour de votre ordination*".

Petit doigt sur la couture du pantalon, Georges fit donc ses bagages. Déménagea. Emménagea.

Et, quelques jours plus tard, on le retrouva pendu dans la cage de l'escalier du presbytère !

Luc : humble et discrète personne

Luc a été professeur de philosophie. Puis, le retraite venue, l'évêque lui a proposé un ministère dans une paroisse de ville, paroisse "bourgeoise" comme on dit parmi les prêtres.

Nous avons passé quatorze années ensemble. Nous nous retrouvions chaque midi, pour le déjeuner. Conversation parfois banale, parfois passionnante. Discussions riches, dans les années 1990, autour du cas DREWERMANN. Explication à des amis invités de l'inconscient collectif chez JUNG. Echanges autour de découvertes bibliques et archéologiques récentes ; autour de tel ou tel ouvrage historique. Soif d'apprendre et de découvrir. Soif de comprendre le monde et son époque...

J'entre chez lui. Il est assis dans son fauteuil. Sur une petite table : des livres (Philosophie, ou Théologie, ou Poésie, ou Sciences diverses, ou livres d'Art). A portée de main, les "Prières du Temps présent" et la Bible. Régularité de la prière des Heures. Régularité de la lecture biblique. Régularité du chapelet.

Car il a, lui, l'intellectuel, une intense dévotion envers Marie. C'est pourquoi il aime célébrer à la Chapelle des marins. La dernière fois que je l'ai vu, il me disait : " *Ce dont j'ai le plus souffert durant ma vie, c'est de la pauvreté affective... l'absence d'affection... c'est peut-être, c'est certainement pour cela que j'ai tant de vénération pour Marie. J'ai reporté sur elle toute mon affection*". C'est peut-être également pour cela qu'il avait un attachement particulier à Thérèse de LISIEUX, et à la poétesse Marie NOEL. Pauvreté affective de tant de prêtres !

Ce même jour, je lui demande : *Si tu avais à re-choisir ta vie, qu'est-ce que tu choisirais* ? Après un long moment de silence, il me répond, avec son habituel sourire indéfinissable : *Oh ! Certainement je choisirais la même* !

A propos de Marie, il écrit : *Sa présence n'a cessé de me guider pendant plus de soixante années de vie sacerdotale, et surtout, d'une manière manifeste, pendant vingt ans environ d'épreuve spirituelle et de tentation d'infidélité à mon sacerdoce. Ma foi dépend d'elle, ou plutôt du Saint Esprit par Elle...*".

Jadis, lorsqu'un prêtre mourait, son évêque faisait ainsi part de son départ, en employant ce double qualificatif : *Humble et discrète personne.* Cela convient particulièrement bien à mon ami Luc. Humble et discrète personne !

Pierre, l'homme du Royaume

Pierre est mort à 83 ans.

C'était un fils d'ouvrier, de famille traditionnellement chrétienne, ni dogmatique, ni fanatique, ni idéologique... simplement et profondément chrétienne.

Nous avons souvent parlé ensemble. Il m'a raconté son cheminement. Petit séminaire dès la classe de 6°. Etudes normales, plutôt brillantes (mais c'était l'époque où, en ce type de lieu, les professeurs préféraient la piété et la discipline à la réussite scolaire et aux diplômes). Puis, tout normalement, cinq années de Grand Séminaire, dont deux à l'Institut Catholique de PARIS pour une licence de Théologie. Entre temps, dix-huit mois de Service militaire. Ordination. Et nomination comme deuxième vicaire dans un gros bourg, à dominante rurale, mais avec une population ouvrière importante. Suivie, quelques années plus tard, d'une autre nomination comme vicaire dans une nouvelle paroisse située à la périphérie d'une grande ville.

Il ne quittera jamais plus ce quartier...

Pierre, pendant son temps de Séminaire, avait découvert la Jeunesse Ouvrière Chrétienne et l'Action catholique ouvrière, alors en plein essor. Et avait décidé de consacrer tout son ministère au "monde ouvrier" (comme on disait en ce temps-là... aujourd'hui on préfère parler de Mission en Quartier populaire...).

Toute sa vie se déroula donc "au service de la Classe ouvrière".

Pierre était véritablement pasteur, évangélisateur, fraternel, attentif aux autres. Et, en même temps, toujours en éveil des découvertes récentes, philosophiques, bibliques ou théologiques. Par solidarité avec ses copains ouvriers, il milita même pendant un temps au Parti socialiste.

Mais il fallut qu'il atteigne l'âge de soixante-quatre ans, et d'être mis comme au placard par son évêque, pour que remontent à la conscience tous les interdits qu'on lui avait mis en tête pendant ses années de Petit Séminaire. "*Vous êtes pécheurs*", leur disait le Supérieur d'alors. "*L'obéissance est la vertu par excellence*", "*Celui qui commande peut se tromper, celui qui obéit* ne se trompe jamais !". "On n'est pas sur terre pour être heureux mais pour être utiles"...

Peu à peu, il décida de se libérer, et d'être enfin heureux. Il prit du large par rapport à l'Evêque, au diocèse. Il se donnait à fond dans quelques associations humanitaires, dont l'aide aux devoirs pour les jeunes de son quartier, avec le réseau "Education nouvelle". Il avait conservé deux équipes d'Action Catholique Ouvrière. Il célébrait la messe régulièrement, seul ou avec deux copains, anciens prêtres-ouvriers.

La dernière fois qu'il vint déjeuner chez moi, il me disait : "*Tu vois, pour moi maintenant, l'Eglise est loin, je suis l'Homme du Royaume. Je contemple tout ce qui se fait et se dit de bien, et j'y vois les signes du Royaume de Dieu. Et je rends grâces*".

Le jour de ses obsèques, en présence de tous ceux qu'il avait accompagnés, on célébra cet "Homme du Royaume".

Si tu dénoues les liens de servitude,
Si tu libères ton frère enchaîné,
La nuit de ton chemin sera lumière de midi.

Père très bon,
nous remettons entre tes mains la vie de notre frère,
dans l'espérance que tous ceux qui reposent dans le Christ
ressusciteront pour être toujours avec lui.
Nous te bénissons pour tout ce qu'il a reçu de toi en cette vie;
et pour tout ce qu'il nous a donné;
nous y reconnaissons les signes de ton amour.

L' hommage qui suit lui a été dédié par un responsable du Groupe Education nouvelle :

L'engagement a été tout autre chose qu'un mot dans la vie de Pierre. Voilà pourquoi ce que Pierre nous livre va au-delà des mots. Pierre savait redonner du sens à des mots qui ne sont pour beaucoup que des peaux mortes. Au point de faire se rejoindre les contraires et de brûler des barricades, de briser les barrières qui empêchent de penser ceux qui ne pensent qu'avec la surface de la peau. Barricades brisées entre le rouge et le noir, une carrière de prêtre et un engagement au côté du peuple. Pierre n'était pas un paradoxe, c'était au contraire un homme dévoré par le feu, le feu de l'amour, où gît la pauvreté, la pauvreté du Très-bas. Il aura voulu, pour dernière volonté, que soient inhumés avec lui deux objets, un sac à dos et un livre. Le livre, c'est "Le Maître ignorant" de Jacques Rancière, et cela en dit assez long, pour saisir que l'hommage à Pierre, c'est l'hommage inversé, comme un compliment retourné , c'est l'hommage à rendre à tout Autre croisé sur le chemin, qui mérite de partager le pain royal du pauvre, et le savoir qu'il abrite. Le sac à dos c'est pour la route, celle qu'il a suivie et qui fait œuvre parce qu'elle est vie...

Son éducation au séminaire avait été placée sous le signe de la contrainte dépourvue de sens et d'humanité. Sa deuxième vie, au service de l'Autre dans la foi en l'homme, à l'Action catholique ouvrière, dans d'innombrables luttes et engagements, ne s'épuise pas puisqu'elle s'entrecroise, au point d'en devenir tissu indiscernable, avec les chemins de tous ceux que Pierre a rencontrés, et à qui il a fait don de lui-même.

Elias s'en va ...
Un prêtre jeune quitte le ministère

Elias était beaucoup plus jeune que moi.

Un beau jour de l'année 2008, je lui avais demandé, pour NOUVELLES et REFERENCES, le magazine de l'APSECC[5], son témoignage sur son équilibre de vie. Il avait écrit ceci : *Je suis prêtre depuis 8 ans, j'ai 35 ans, je n'arrive pas toujours à faire tout ce que je voudrais faire et je n'ai pas l'impression que les activités pastorales iront en diminuant. On rencontre souvent des personnes qui nous plaignent d'avoir un emploi du temps chargé. Je réponds souvent que le prêtre n'agit pas seul, qu'il est entouré de personnes compétentes et généreuses. Faire confiance, travailler en équipe, s'entourer, partager la mission sont autant de choses qui ne s'apprennent qu'avec le temps...*

Ma vie est bien remplie certes du point de vue des activités diverses et variées mais je pensais d'abord, avec le titre de ce témoignage, à une vie bien remplie de rencontres humaines et divines. On me dit souvent que la solitude doit être pesante. Je réponds que ma vie est remplie de rencontres enrichissantes.

Or, un autre beau jour de l'année 2009, je trouve, dans ma boîte à lettres électronique, ce courriel d' Elias : Q*uand tu auras 5 minutes, je suis preneur. J'aurais une nouvelle, quelque chose à te confier. à + Elias.*

Je l'appelle aussitôt :

- *"Qu'est-ce qu'il se passe ?"*
- *"Je ne peux rien te dire. J'arrive tout de suite."*

Et, un quart d'heures plus tard, vers 17 heures, le voici, chemise romaine ouverte, sans col, car il fait très chaud. Je lui dis, pour plaisanter :

---

[5] L'APSECC est l'Association Protection Sociale Et Caisse des Cultes, créée en 1979 pour obtenir l'intégration des clercs et congréganistes au régime général de la Sécurité Sociale. Elle a publié en 2006, à la suite d'une enquête, un "Livre blanc" sur l'Equilibre de vie des prêtres, des religieuses et des religieux.

- *"Tu es tout débraillé... Qu'as-tu donc fait de ton col romain ?"*.
- *"C'est justement pour cela que je t'ai appelé... Tu ne me verras plus avec le col romain. Je viens te dire que je quitte le ministère"*.

Stupéfaction de ma part.

Et il continue. Il y a quelques temps déjà, il s'est lié d'amitié avec une femme, divorcée, de son âge, qui habite l'un des villages de la paroisse, et qui a une fille. Ils s'aiment. Ils ont décidé de se marier.

- *"Que disent tes parents ?"*
- *"Du côté de mon père, ça va, il comprend. Mais du côté de ma mère, ça ne passe pas. Quand je lui ai annoncé, elle m'a fait toute une crise, allant jusqu'à me reprocher des faits de ma jeunesse"*.
- Et du côté de l'évêque ?

Il est allé annoncer sa décision à son évêque. Celui-ci lui a conseillé de n'en parler à personne, de partir normalement en vacances à la fin du mois de juillet, comme prévu, et de ne pas reparaître dans sa paroisse. Le vicaire épiscopal se chargera de tout : l'annonce, l'intérim, le remplacement. Et, à partir de là, il ne sera plus compté dans les effectifs du Diocèse.

A part moi, je pense que l'évêque s'est vraiment comporté en chef d'entreprise.

Je dis à Elias ma réaction du moment :

- son départ ne m'étonne pas, dans la mesure où il est anormal et à la limite scandaleux de nommer un prêtre jeune dans une paroisse rurale, de l'y laisser seul, tout en continuant à faire l'apologie du célibat.

- la recommandation de l'archevêque de n'en parler à personne n'est justement qu'une recommandation. Car, sur ce point, Elias doit faire ce qu'en conscience il aura décidé de faire : s'il pense qu'il y a des personnes, parmi ses collaborateurs proches, qui doivent être mis au courant, il doit leur annoncer sa décision.

- Quant à la décision de le rayer des listes à la fin du mois de juillet, elle a pour conséquence qu'il se trouve sans subsides à partir de cette date. Car un prêtre n'est pas un salarié, il ne reçoit que des indemnités, il n'a donc pas droit aux ASSEDIC.

- Je lui demande : *"Où allez-vous habiter ?"*
- *"Pour le moment, nous resterons chez elle.*

J'ajoute qu'il accumule les difficultés : 1. quitter le ministère - 2. épouser une divorcée, ce qui signifie aucun mariage possible à l'Eglise - 3. rester dans la paroisse.

Il me répond qu'il en a bien conscience, mais qu'il espère surmonter ces difficultés.

Nous parlons de sa vie professionnelle future. Bien sûr, il n'a rien en vue. Il désirerait trouver quelque chose en rapport avec ses compétences, du côté des ressources humaines. Je lui donne trois adresses d'amis susceptibles de pouvoir l'aider.

Avant qu'il parte, je l'assure que je lui garde mon amitié, et qu'il peut compter sur moi pour l'aider. Il me demande de garder le silence, car je suis seul à être au courant.

Après son départ, je décide d'écrire à l'évêque d' Elias.

Cher Père,

J'ai, depuis que je le connais, une amitié sincère et une réelle estime pour Elias ... Bien qu'il n'ait pas encore atteint la moitié de mon âge, nous avons tous deux sympathisé, nous nous sommes invités l'un chez l'autre, nous avons longuement échangé.

Il est certes différent de moi, mais nous partageons la même foi, le même attachement au message du Christ, le même désir de servir l'Eglise...

... Or, ce 30 juin, il est venu m'annoncer tout simplement et tout fraternellement qu'il a découvert l'amour d'une femme, qu'ils ont tous deux un projet de vie commune, qu'il vous a rencontré pour vous en faire part, et que vous vous êtes mis d'accord pour un départ le 31 juillet. Pour le moment, m'a-t-il dit, je suis le seul dans la confidence, ses proches exceptés.

A vrai dire, cela ne m'a pas étonné. Je redoutais cette issue depuis son arrivée. Un prêtre jeune (33 ans lors de sa nomination), bel homme, souriant et affable, plein de désirs et de compétences, mais seul dans un presbytère de campagne, dont le plus proche confrère est à 13 kilomètres, qui a besoin de parler, d'échanger... ne peut pas tenir. Un prêtre jeune aujourd'hui n'est pas le Curé d'Ars, ni le héros du roman de Bernanos.

Dans la discipline actuelle de notre Eglise, il y a incompatibilité disciplinaire entre l'état de mariage et l'exercice du ministère presbytéral. C'est un fait, indiscutable pour le moment. Elias doit donc quitter ce ministère qu'il aime, dans lequel il s'est épanoui, et que ses paroissiens apprécient.
Vous savez d'expérience, tout autant que moi, combien le célibat imposé aux prêtres romains est lourd, et combien de frustrations il engendre. Vous savez également que, si nous sommes restés dans le ministère presbytéral, ce n'est pas parce que nous sommes des surhommes, ni de plus grands spirituels que les autres, mais pour de multiples raisons, dont certaines sont bien mesquines; et en imposant parfois à nous-mêmes et à d'autres de pénibles et douloureux renoncements.

Elias a également compris (mais peut-être a-t-il mal compris) qu'il sera "rayé des cadres" de l'Eglise diocésaine au terme de ce mois de Juillet. Après quoi, ses revenus ne seront pas assurés, et il n'aura droit à aucune allocation de la part des ASSEDIC, puisqu'il ne percevait pas un salaire, mais de simples indemnités. Il sera entièrement à la charge de sa compagne (qui est elle-même au chômage), jusqu'à ce qu'il ait trouvé un emploi. Reconnaissons ensemble que le statut du prêtre dans l'Eglise est pour le moins original !

Tout cela m'emplit à la fois de tristesse et de colère. Et je vous le dis en toute simplicité et sans acrimonie.

Veuillez agréer, cher Père, l'expression de mon amitié fraternelle.

Assez rapidement, je reçois cette réponse de l'évêque :

Mon Père,

Votre lettre au sujet d'Elias a retenu toute mon attention. Je comprends vos questions, mais je pense également que chacun doit assumer les conséquences de ses décisions.

Comme il vous l'a probablement dit, Elias ne remet pas en cause la discipline actuelle de l'Eglise catholique latine qui appelle ses prêtres parmi des hommes qui acceptent librement le célibat pour Dieu et pour leurs frères. Il estime ne pas pouvoir continuer à vivre personnellement cet appel.

Il ne me paraît pas contraire à la justice et à la charité par respect pour sa décision que le diocèse cesse de le prendre en compte à compter du jour où celle-ci est effective et publique.

Je vous prie de croire, mon Père, à l'assurance de mes sentiments respectueux et dévoués.

Au début du mois de Juillet je participe à une journée de rencontre d'acteurs pastoraux paroissiaux. Je parle avec un ami prêtre, que je connais bien et dont je suis certain de la discrétion. Sa réaction immédiate : "*Mais combien de départs encore avant que les évêques se rendent compte du problème ? Ils vont tous y passer ! En voilà six pour le Diocèse. Ca commence à bien faire*".

A mon retour, je lui envoie copie de la lettre que j'ai expédiée à l'évêque d'Elias.

Quelques jours plus tard, mon ami prêtre me répond:

Merci de ta confiance en m'adressant la réponse de l'évêque. Elle n'aborde pas la question de l'aide des prêtres, en particulier des jeunes envoyés comme curé, tout seul, en campagne après avoir vécu au moins cinq années une vie quasi monastique au séminaire suivi d'un temps en communauté au moins pastorale avec un curé, et en ville au début de leur ministère. Si le prêtre dont il s'agit avait été soutenu, aidé, éclairé, plus souvent encouragé par son évêque et/ou le vicaire général, je sais qu'il ne partirait pas dans les bras d'une femme, qui plus est, divorcée; les évêques sont en partie inconscients, et donc pas totalement responsables (mais chacun l'est de lui-même). Mais alors pourquoi sont-ils évêques, s'ils ne commencent pas par être "les pères" de leurs prêtres?

L'archevêque de Lyon vint un jour se confesser au Curé d'Ars, espérant une longue et sainte exhortation de Saint Jean Marie Vianney. Il ressortit presque furieux, en confiant à son vicaire général: "Il ne m'a exhorté que 10 secondes pour dire: "Monseigneur, aimez vos prêtres, aimez vos prêtres!"... Et le vicaire général de lui répondre avec audace: "Monseigneur il vous a tout dit ce qu'il y avait d'essentiel pour vous!"

Il faudrait en rappeler l'histoire à tous les évêques.

Elias m'invite à la "dernière" messe qu'il célèbrera le dimanche 26 Juillet.

26 juillet – Avant de partir à la messe, je me connecte au site Web du Diocèse ... Stupéfaction : le nom d'Elias a disparu ! La paroisse est déjà sans curé !

Mon ami Pierre ou L'archevêque a fait du zèle

Ceci est l'histoire, en tous points véridique, de ce qui est arrivé, par la faute d'un archevêque trop zélé, et prompt à anticiper les évènements, à mon ami Pierre P. J'ai volontairement changé son prénom et son nom, et indiqué les noms de personnes et les noms de lieux par de simples initiales.

2 avril 2010 - Communiqué de Presse

L'archevêque ... fait savoir qu'un prêtre du diocèse, le Père Pierre P. s'est vu notifier sa qualité de "témoin assisté" pour "détention d'images à caractère pornographique mettant en scène des mineurs".

L'archevêque précise que ce prêtre a été suspendu de ses fonctions pastorales dans l'attente du jugement des tribunaux français et de la Congrégation romaine pour la doctrine de la foi.

Ces faits sont apparus, de manière incidente, au cours de l'enquête menée sur un autre prêtre.

L'archevêque... a lui-même révélé la mise en cause de ce prêtre. "Ma pensée va d'abord à la victime qui a dû construire sa personnalité et sa vie avec une souffrance occultée pendant de longues années", a commenté l'archevêque. "Il revient à la justice de qualifier la gravité de ce délit qui doit être réprouvé et condamné", a-t-il déclaré.

Dans son communiqué, l'archevêque a ajouté que sa pensée allait aussi "à notre confrère à qui il revient maintenant d'assumer les conséquences de ses actes"

Trois années plus tard - 14 mars 2013 - Communiqué de Presse

En avril 2010, une révélation secouait les catholiques de M.... Lors d'un point presse, l'archevêché détaillait nommément qu'un prêtre était mis en cause, pour détention d'images pédo-pornographiques. Il était suspendu.

L'archevêque avait expliqué à l'époque que cette affaire était "une épreuve pour tous. Des fidèles auraient préféré qu'il n'y ait aucune publicité sur cette affaire. Je considère que l'on doit être transparent et dire la vérité par respect envers les victimes". Des déclarations à mettre en perspective avec les différents scandales que l'Eglise de Benoît XVI affrontait alors, que ce soit en Amérique, au Canada ou en Irlande par exemple.

Mais la vérité judiciaire de ce dossier, aujourd'hui, est un peu différente de la vérité révélée alors. Le Père Pierre P., qui "tenait" la paroisse de M..., vient de bénéficier d'une ordonnance de non-lieu qui l'innocente complètement".

"Le juge d'instruction, pas plus que les enquêteurs, n'ont reconnu un caractère pornographique aux images retrouvées chez M. P., détaille son avocate. Il avait été entendu sous le statut de témoin assisté mais à l'époque, la position de l'Eglise avait été beaucoup plus sévère que celle de la justice. La question du respect de la présomption d'innocence se pose". Le prêtre avait été suspendu de ses fonctions et a vécu, selon son conseil, sa mise en cause comme une très pénible mise au ban. Pendant ces trois années de soupçon, le curé a été bénévole pour des causes humanitaires et n'a plus eu de paroisse bien que ses anciens fidèles aient écrit pour le soutenir. "Le plus difficile à vivre a été pour lui l'incertitude quant à son avenir".

Dans le doute, l'archevêché n'a pris aucune précaution par rapport à une erreur de jugement des policiers et l'a suspendu", regrette son avocate. "Pourquoi l'Eglise serait-elle au-dessus du respect de la présomption d'innocence, un principe fort de notre droit ? », s'interroge l'avocate.

Interrogé, l'archevêque "prend acte de ce non-lieu et devra en tenir compte", ont fait savoir hier ses services.

En conséquence de quoi l'Archevêque a de nouveau attribué une paroisse à mon ami Pierre P. Mais il ne lui a présenté aucune excuse, ne lui a demandé aucun pardon. Ne parlez plus maintenant de respect ni d'obéissance au Père Pierre P.... L'Archevêque l'a "tuer".

Notice bibliographique

- Mogens H. HANSEN – La démocratie athénienne – A l'époque de Démosthène – coll. Histoire – Les Belles Lettres - 1991

- Abbé BOULENGER – La doctrine catholique – 3 tomes – Ed. Emmanuel Vitte – LYON - 1927

- Michel CROZIER, Erhard FRIEDBERG – L'acteur et le système - Les contraintes de l'action collective – Ed. du Seuil 1977

- Alexandre SCHMEMANN - Journal 1973-1983 - Paris, Éditions des Syrtes, 2009

- Jean DELUMEAU – Le péché et la peur – La culpabilisation en Occident XIII°-XVIII° siècles – FAYARD 1983

TABLE des CHAPITRES

AVANT-PROPOS	3
LIMINAIRE : JE SAIS UNE ÉGLISE	5
STATISTIQUES ET SONDAGES	**7**
1- L'Eglise catholique dans le monde	9
2 - Défections et Réintégrations de prêtres dans le monde	10
3 - L'Eglise catholique en France	11
3.1-Population de la France (en milliers)	11
3.2-Se déclarent catholiques (en %)	11
3.3-Naissances et Baptêmes	11
3.4-Mariages civils et catholiques	11
3.5-Nombre de prêtres (dans l'Eglise de France, mais pas uniquement Français)	11
3.6-Nombre de religieuses	11
3.7-Personnes déclarant assister à la messe tous les dimanches (% population)	12
3.8-Evolution comparée du poids des différentes confessions	12
3.9-France urbaine / France rurale (en milliers)	12
3.10 - Ordinations de PRETRES en France	13
3.11 - Le nombre des séminaristes en FRANCE	14
3.12 - MARIAGES et DIVORCES en FRANCE	15
4 – COURBES COMPLEMENTAIRES	16
4.1 - Le CHOMAGE en France (en milliers) au sens du B.I.T	16
4.2 - Cours du pétrole	17
REFLEXION sur ces STATISTIQUES	20
1- Première réflexion	20
2- Deuxième réflexion	20
3- Troisième réflexion	21
4- Quatrième réflexion (sous forme de conviction)	21
ORDRES RELIGIEUX créés du 9° au 13° siècles	23
Quelques Communautés nouvelles créées au 20° siècle	23
Les catholiques nous surprennent	24
Pratique religieuse en France	24
REPONSES au SONDAGE	24
Un sondage mondial	26
CATECHISMES	**28**
CATECHISME du Concile de TRENTE (1564-1566)	29

   L'église triomphante..29
   L'Église militante...29
CATECHISME DE SAINT PIE X (1905)...31
LA DOCTRINE CATHOLIQUE - ABBÉ BOULANGER (1927)..34
   A. PREUVE TIRÉE DE LA RAISON...34
   B. PREUVE TIRÉE DE L'HISTOIRE..34
PETIT CATECHISME À L'USAGE DES DIOCÈSES DE FRANCE (1940)..................36
CATECHISME DES DIOCÈSES DE FRANCE (1947)..37
CATECHISME DE L'EGLISE CATHOLIQUE (1992)..39

REFLEXIONS..41

1- A QUOI SERT L'EGLISE ?...42
2 - LA TETE ET LE CORPS..44
   L' EVENEMENT...44
   L' EGLISE comme CORPS du CHRIST..45
3 - POURQUOI " EGLISE " ?...48
   Démocratie et Ekklesia à ATHENES...48
   La Communauté chrétienne comme Ekklesia...49
4 - L'EGLISE... VUE DE CHEZ MOI...51
5 - L'EGLISE : UN SYSTEME, DES ACTEURS..52
   L'Analyse de Michel CROZIER..52
      L' Acteur et le Système..53
      Les Buts et la Stratégie...53
      La négociation...54
   Application à l'Eglise catholique...54
      L'acteur est autonome...54
      Les zones d'incertitude selon Michel Crozier......................................55
      4 types de zones d'incertitude..55
      L'acteur a une "rationalité limitée"...55
      L'acteur négocie avec les autres le pouvoir.......................................56
      Les acteurs en interaction construisent un "système d'action concret" 56
   Histoire d'une NEGOCIATION..57
6 - CONSULTATIONS DANS L'EGLISE..60
7 - L' EGLISE COMME DERNIÈRE SURVIVANCE DE LA SOCIÉTÉ D'ANCIEN RÉGIME....62
   RAPPEL...62
   DOCUMENT : CH. LOYSEAU, Traité des ordres et simples dignités
   (1610)...62
   1- Encyclique "Immortale Dei" de Léon XIII – 1 novembre 1885..............63
   2- Encyclique "Vehementer nos" de sa Sainteté le Pape Pie X au Peuple
   français – 11 février 1906)..64
   3- Constitution sur l'Eglise "LUMEN GENTIUM" - 21.11.1964...................64
   4- Code de Droit canonique (1983)..65
   5- Le rite d'Ordination d'un prêtre...66

    6- Le fonctionnement de l'église..66
    7 - Code de Droit canonique - L'Evêque et les instances de décision
    diocésaines...70
        L' évêque diocésain..70
        Le Conseil pour les affaires économiques..70
        Le Conseil presbytéral et le Collège des consulteurs.........................71
        Le Conseil pastoral...72
9 - LE CONSEIL EPISCOPAL...73
10 - PAS D'EGLISE SANS PRETRES..76
11 - FOI, ÉGLISE ET RELIGION..79
12 - QU'EST-IL DONC ARRIVÉ À L'EGLISE EN FRANCE ?..................................81
    Rappel statistique...81
    Mai 1968 ?..83
    Le Concile Vatican II...84
    L' encyclique "Humanae vitae"..85
    Le basculement du monde..85
    Jean-Paul II...86
    Les "affaires" de Pédophilie..87
13 - S'OUVRIR AUX "PAIENS" ?... (ACTES DES APÔTRES 6, 1-7)....................88
    L' histoire...88
    Le contexte : une crise grave...88
    La solution..89
14 - SITUATION DE L'EGLISE EN FRANCE D'HIER À AUJOURD'HUI..................91
    Un peu d'Histoire..91
    Le discours de l'Eglise d'hier à aujourd'hui...92
    Société et Eglise aujourd'hui...93
    Nécessité de s'ouvrir...94
ANNEXE 1 : LES EGLISES ÉVANGÉLIQUES..96
    Les Eglises évangéliques dans le monde..96
    En France métropolitaine...97
    Dans les DOM-TOM...97
    Le cas du BRESIL..97
ANNEXE 2 – LE DISCOURS DU PAPE FRANÇOIS AUX ÉVÊQUES DU CELAM..........99

QUELQUES FIGURES..101

LES NOCES D'OR D'EDOUARD..102
GEORGES : PERINDE AC CADAVER...104
LUC : HUMBLE ET DISCRÈTE PERSONNE..106
PIERRE, L'HOMME DU ROYAUME..108
ELIAS S'EN VA...111
MON AMI PIERRE OU L'ARCHEVÊQUE A FAIT DU ZÈLE..................................116
    2 avril 2010 - Communiqué de Presse...116
    Trois années plus tard - 14 mars 2013 - Communiqué de Presse........116

NOTICE BIBLIOGRAPHIQUE..**118**
TABLE DES CHAPITRES..**119**

I want morebooks!

Buy your books fast and straightforward online - at one of the world's fastest growing online book stores! Environmentally sound due to Print-on-Demand technologies.

Buy your books online at
www.get-morebooks.com

Achetez vos livres en ligne, vite et bien, sur l'une des librairies en ligne les plus performantes au monde!
En protégeant nos ressources et notre environnement grâce à l'impression à la demande.

La librairie en ligne pour acheter plus vite
www.morebooks.fr

www.ingramcontent.com/pod-product-compliance
Lightning Source LLC
Chambersburg PA
CBHW032006220426
43664CB00005B/159